Werde selbstbewusst
im Schlaf

PASCAL
VOGGENHUBER

Werde selbstbewusst im Schlaf

In 30 Tagen selbstsicher und glücklich

Mit Meditations-CD
als Beilage im Buch

ENJOY THIS LIFE®

Das vorliegende Buch ist sorgfältig recherchiert und erarbeitet worden. Die Inhalte basieren auf den Erfahrungen und Erkenntnissen des Autors. Dennoch erfolgen alle Angaben ohne Gewähr. Weder Autor noch Verlag können für eventuelle Nachteile oder Schäden, die aus den im Buch gegebenen praktischen Hinweisen resultieren, eine Haftung übernehmen.

Enjoy this Life Verlag – Spirit Messenger GmbH, Postfach 312,
CH-4450 Sissach

ISBN 978-3-96111-210-4
Lektorat: Josef K. Pöllath M.A., Dachau
Korrektorat: Susanne Langer M.A., Germering
Layout und Umschlag: Lydia Kühn, Aix-en-Provence, Frankreich
Satz: Uhl + Massopust, Aalen

Besuchen Sie uns im Internet:
www.pascal-voggenhuber.com

Inhalt

Ein Wort voraus

Selbstsicher auftreten und ein gesundes Selbstbewusstsein sind Zeichen für eine starke Persönlichkeit. Viele Menschen des öffentlichen Lebens, Schauspieler, berühmte Sportler oder Politiker, Menschen, die häufig vor einer Fernsehkamera stehen und ruhig, gelassen und von sich überzeugt sprechen können, ohne dass es antrainiert, gespielt oder falsch und aufgesetzt wirkt, sind für viele Menschen Vorbild. So möchten sie auch sein.

Weil ich häufig gefragt wurde, wie man selbstbewusst und selbstsicher wird, habe ich eine CD entwickelt mit Affirmationen und Meditationen, die dein Selbstbewusstsein stärken und dir ein ganz neues Lebensgefühl geben. Wer meine Bücher kennt, weiß, dass ich die Leserin und den Leser mit Du anspreche und dass ich durchgehend die männliche Anredeform verwende, weil dies das Lesen erleichtert und es flüssiger macht. Ich hoffe sehr, dass mir meine Leserinnen deswegen nicht böse sind. Auf keinen Fall möchte ich damit Frauen diskriminieren.

Damit das Buch besser lesbar ist, verwende ich nur ein grammatikalisches Geschlecht.

Ich habe mir zuerst gar nicht überlegt, ob ich zu der CD »Werde selbstbewusst im Schlaf« ein Buch schreiben soll, weil ich der Meinung war, dass die CD allein ausreicht, da sie alles enthält, um das Unterbewusstsein zu beeinflussen. Aber dann wurde mir immer wieder gesagt, dass es eine ganze Reihe von Begriffen auf der CD gebe, die man erklären müsste, so zum Beispiel, was es mit der Musik auf sich hat oder was eigentlich eine Affirma-

tion ist, oder ob es nicht Übungen gebe, die die Meditationen auf der CD unterstützen und sie vertiefen.
Ich wurde gefragt, wie die CD im Schlaf wirkt und warum man sie mindestens 30 Tage lang anhören soll. Viele haben sich bisher keine Gedanken gemacht zum Unterbewusstsein. Es ergaben sich also Fragen über Fragen, die sich mit der CD allein nicht erklären lassen. Daher habe ich dieses Buch zur CD geschrieben. Natürlich kannst du die CD anhören, ohne das Buch zu lesen. Wenn du aber den Prozess, den die CD in deinem Unterbewussten auslöst, vertiefen möchtest, dann findest du im Buch jede Menge Übungen, Anregungen und Erklärungen, die dir auf dem Weg zu sicherem Auftreten und zu einem gesunden Selbstbewusstsein entscheidend helfen und dich unterstützen.

Eine kleine Gebrauchsanleitung der CD

Schön, dass du dich für die CD *Werde selbstbewusst im Schlaf* interessierst und dass du dich mit dem Thema intensiv beschäftigst. Ich möchte dir mit diesem Buch die CD und wie du sie am besten anwendest, genauer erklären und dir einige zusätzliche Tipps mit auf den Weg geben, wie du mit sieben einfachen Übungen aus dem Enjoy-this-Life-Programm® ganz leicht dein Selbstbewusstsein stärken kannst.

Mit *Enjoy this Life*, der CD und diesem Buch kannst du dein gesamtes Potenzial entfalten.

Ich empfehle dir, die CD mindestens an 30 Nächten hintereinander anzuhören, und zwar am besten die ganze Nacht lang. Nahezu alle gängigen Abspielgeräte haben eine sogenannte Wiederholfunktion. Aktiviere diese einfach an deinem Gerät und hör dir die CD während der Nacht an. Zu Beginn mag dies vielleicht irritierend sein, weil du zuhören oder die einzelnen Affirmationen verstehen möchtest. Stell dann einfach die CD so leise, dass du sie gerade noch hören kannst, und hör sie dir dann jeden Tag ein wenig lauter an. Falls du einen Partner oder eine Partnerin hast, der bzw. die nicht zuhören möchte, kannst du die CD auch mit dem Kopfhörer anhören. Doch ideal ist es natürlich, wenn du sie ohne Kopfhörer anhörst, da du dann viel besser schlafen kannst. Dennoch solltest du das Gerät sehr leise stellen, damit du deinen Partner nicht störst. Auch wenn die Affirmationen allen Menschen helfen, wenn zum Beispiel dein Partner ein gut ausgeprägtes Selbstbewusstsein hat, dann können die Affirmationen auch bei ihm ihre heilende Wirkung entfalten.

Das Wichtigste ist, dass du die CD mindestens 30 Nächte lang regelmäßig anhörst, sodass dein Unterbewusstsein umprogrammiert wird. Wenn dir die Übungen gefallen und sie dir helfen, kannst du dir die CD auch später noch mehrmals anhören.

Die meisten Menschen spüren schon nach wenigen Tagen eine massive Veränderung. Doch damit dein Gehirn vollständig neue positive Verknüpfungen herstellen kann, brauchst du ein wenig Geduld und natürlich auch Zeit. Doch nach 21 bis 30 Tagen sind die ersten neuen Verknüpfungen – wie wissenschaftlich festgestellt wurde – im Gehirn erfolgt. Du wirst schnell merken, dass du in Situationen, in denen du vorher nicht selbstbewusst reagiert hast, in Zukunft immer selbstsicherer auftrittst und sich auch deine Resonanz in den kommenden Wochen und Monaten verändert und du somit Heilung in vielen Bereichen deines Lebens erfährst.

Mit der CD lässt sich dein innerer Kritiker im Schlaf ganz einfach zum Schweigen bringen.

Die CD im Schlaf anhören

Warum ist es ideal, diese CD in der Nacht, während du schläfst, anzuhören? Weil damit dein aktives Gehirn die Affirmationen nicht bewerten kann und diese somit ungehindert direkt in dein Unterbewusstsein dringen und dort ihre heilende Wirkung entfalten können. Du kannst die CD selbstverständlich auch während des Tages, während du mit etwas beschäftigt bist, im Hintergrund leise abspielen. Doch sollte das nie bei solchen Aktivitäten geschehen, die deine Aufmerksamkeit verlangen, wie zum Beispiel beim Autofahren oder während du eine Maschine bedienst. Es ist nicht nötig, dass du die CD aktiv anhörst und jedes Wort und jeden Satz zu verstehen suchst. Je passiver du beim Anhören bist, umso tiefer können die Affirmationen ihre Wirkung entfalten. Und das ist im Schlaf einfach am besten.

Affirmationen und Suggestionen

Was sind Affirmationen? Was ist eine Suggestion? Und wodurch unterscheidet sich eine Suggestion von einer Affirmation? Wenn du im Internet suchst, findest du viele unterschiedliche Definitionen von Suggestion und Affirmation. Affirmationen sind positiv formulierte Sätze, mit deren Hilfe wir unsere Gedanken sozusagen umprogrammieren können. Diese Sätze können allgemeiner Natur sein oder sich auf ein spezielles Problem beziehen.

Ich arbeite auf dieser CD vorwiegend mit Affirmationen. Der Grund dafür ist, dass Suggestionen und Affirmationen ziemlich ähnlich sind. Der Unterschied zwischen diesen beiden Methoden besteht darin, dass eine Affirmation immer für sich selbst gedacht ist, eine Suggestion jedoch ist für jemand anderen. Wenn ich zum Beispiel sage: »Du bist wunderschön!«, dann ist dies eine Suggestion, also eine Aussage von mir über dich. Wenn ich aber sage: »Ich bin schön!«, dann handelt es sich um eine Affirmation, weil die Aussage nur mich betrifft. Dic Wirkung ist jedoch bei beiden Aussagen die gleiche. Einige mögen lieber Suggestionen, weil sie oft autoritärer bzw. stärker klingen. Ich persönlich finde jedoch Affirmationen feiner, und meistens kann diese jeder annehmen, gerade Menschen, die Probleme mit Autoritäten haben. Doch so wie ich die Affirmationen auf dieser CD einsetze bzw. anwende, haben sie den Vorteil, dass sie während des Schlafs ungefiltert ins Unterbewusstsein drin-

gen und dort ihre Wirkung entfalten können. Wichtig ist bei beiden Methoden die Wiederholung. Durch sie werden beide Methoden erst effektiv. Deswegen wiederholen sich auf der CD immer wieder die gleichen Affirmationen. Die Wirkung der Affirmationen verstärkt sich ungemein, wenn du dich dabei von deinen Gefühlen, die diese Affirmationen in dir auslösen, leiten lässt.
Du kannst ja einmal ausprobieren, eigene Affirmationen in Bezug auf dein Selbstbewusstsein zu formulieren. Achte aber dabei darauf, dass sich die Affirmationen auf dich selbst beziehen, zum Beispiel: »Ich komme jeden Tag mit meiner Kollegin besser zurecht« und nicht: »Meine Kollegin wird jeden Tag freundlicher zu mir!«

Eine Affirmation ist für einen selbst, eine Suggestion ist für jemand anderen gedacht.

Je öfter du die CD anhörst, umso stärker wirken die positiven Affirmationen. Dies ist auch das Geheimnis jeder Werbung. Im Grund könnte man dies so erklären: Die permanenten Wiederholungen der Affirmationen werden mit der Zeit zu starken Glaubenssätzen, und somit werden negative Glaubenssätze überschrieben. Je öfter du die CD hörst, umso mehr verändern die Affirmationen dieser CD nicht nur dein Unterbewusstsein, sondern sie dringen mit der Zeit auch in dein aktives Denken ein und werden dort immer mehr zur Realität. Denn alles, was wir wirklich tief in unserem Unterbewusstsein glauben, wird mit der Zeit zu unserer Realität. Es verändert unsere Resonanz, und diese wiederum zieht positive Dinge oder natürlich auch negative Dinge mit der Zeit in unser Leben. Affirmationen sind ein sehr sehr starkes Tool, mit dem wir unser Leben verändern können. Das hat nichts mit positivem Denken zu tun. Positives Denken findet m. E. nur an der Oberfläche und im Wachzustand statt. Wenn ich mir einrede: »Ich bin selbstbewusst!«, dann sagt mein aktiver Teil im Gehirn: »Das stimmt nicht! Du bist alles andere als selbstbewusst! Du bist ängstlich! Du bist ein Versager!« Deswegen ist auch bei 90 Prozent der Menschen der Versuch, ihr Leben mit positivem Denken zu verändern, absolut wirkungslos. Wenn du diese CD die ganze Nacht über anhörst, kannst du dieses Problem umgehen. Denn im Schlaf ist niemand da, der die Affirmation beurteilt oder verurteilt oder sie blockiert. Wir schlafen im Durchschnitt etwa 5 bis 8 Stunden pro Nacht, und genau diese Zeit nutzen wir, dein Unterbewusstsein mit positiven Affirmationen zu beeinflussen. Du wirst merken, dass du mit der Zeit ein völlig anderer Mensch wirst, weil du jede Nacht viele Stunden damit verbringst, positive Dinge zu hören, die dein Unterbewusstsein verändern. Dein Unterbewusstsein wird dadurch immer positiver und konstruktiver, und es arbeitet mehr und mehr für dich statt gegen dich.

> Es liegt an dir, dir regelmäßig die CD anzuhören und endlich selbstbewusst zu werden.

Bei fast allen meinen Meditations-CDs arbeite ich mit Nacht-Anwendungen, weil dies aus meiner Erfahrung viel effektiver ist – und ehrlich gesagt: Es ist einfach auch sehr bequem. Es gibt dafür keine vernünftige Ausrede, warum man diese Übung nicht täglich machen könnte. Bei einer normalen Meditation sagen viele Menschen: »Ich finde nicht die Zeit, um täglich zu meditieren!« Bei dieser CD verfängt diese Ausrede nicht, weil die Meditation in der Nacht wirkt, während du dich erholst und schläfst. Auf diese Weise kannst du ab sofort immer selbstbewusster werden.

Affirmationen, die du auf der CD findest

- Ich bin ruhig und gelassen.
- Ich teile mich stets klar und gut verständlich mit.
- Neue Situationen erfüllen mich mit einer positiven Neugier.
- Gelassenheit gehört ab heute zu meinem Alltag.
- Ich erlaube mir ab heute, Schöpfer meines Lebens zu sein und voller Selbstbewusstsein durch den Tag zu gehen.
- Ich trage ein wunderbares Gefühl des Friedens und der Harmonie in mir.
- Ich liebe mich selbst.
- Ich erlaube mir, selbstbewusst und eine lichtvolle Persönlichkeit zu sein.
- Ich werde gesehen und beachtet, und ich fühle mich dabei wohl.
- Ich liebe mich selbst und werde geliebt.
- Ich fühle mich in jeder Situation geborgen.
- Ich bin in jedem Augenblick Schöpfer meines Lebens.
- Ich öffne mich meiner eigenen Schönheit.
- Ich stelle mich den Herausforderungen meines Lebens.
- Ich bin die wichtigste Person in meinem Leben.
- Ich bin frei, das Leben zu lieben und zu genießen.
- Ich bin jeder Situation völlig gewachsen.
- Ich bin stolz auf die Person, die ich bin.
- Ich habe ein grenzenloses Selbstvertrauen.

Dies sind nur einige Affirmationen, die ich auf der CD anwende. Wenn du willst, kannst du diese Affirmationen auch ab und zu laut durchlesen oder sie dir ausdrucken und aufhängen, damit du sie immer vor Augen hast. Was die CD noch verstärkt und um einiges effektiver macht, ist die spezielle Musik zu der Meditation.

Klänge im Sonnenton (432 Hertz)

Die Affirmationen werden von Klängen im Sonnenton (432 Hertz) begleitet. Die Musik, die *Mike Wilhelmer* im Sonnenton speziell für diese CD komponiert hat, fördert deine Selbstheilung. Denn Klänge in dieser Frequenz haben eine beruhigende, ausgleichende Wirkung auf Körper, Geist und Seele, wie zahlreiche Studien belegen.

Mike Wilhelmer und ich sind befreundet und haben bei einem anderen Musikprojekt zusammengearbeitet. Da *Mike* für meine letzte Affirmationen-CD auch die Musik komponiert und eingespielt hat, habe ich ihn gebeten, auch für diese CD wieder die Musik beizusteuern. Er erzählte mir bei der Vorbereitung der CD von den Sonnentönen in 432 Hertz. Ich fand dies höchst spannend und habe im Anschluss daran viel darüber gelesen und mich über diesen speziellen Ton informiert. Vor allem aber habe ich die Musik und ihre Wirkung dann ein paar Wochen lang an mir selbst ausprobiert und kontrolliert, wie sie auf mich wirkt, wie sie meine Energie und meine Aura verändert. Ich war vom Ergebnis sehr beeindruckt und begeistert. *Mike* hat dann für diese CD die Musik speziell für das Thema Selbstbewusstsein komponiert. Dabei haben wir erstmals die Sonnentöne verwendet, und ich persönlich finde, dass sie dadurch noch einmal eine ganz besondere Kraft bekommen

Die Sonnenton-Klänge haben eine beruhigende Wirkung auf Körper, Geist und Seele.

hat. Die Klänge mit ihrer ganz eigenen Art können dich und den Veränderungsprozess auf beeindruckende Weise unterstützen.

Fakten zu den Sonnenton-Klängen

Die Sonnenton-Klänge werden häufig als »göttliche Frequenz« bezeichnet. Der Kammerton ist der Ton, der die Basis darstellt beim Stimmen aller Instrumente. Wenn der Kammerton unserem persönlichen Klangcode entspricht, so wie unser Körper schwingt (432 Hz), dann nehmen wir diesen Ton als äußerst entspannend und ausgleichend wahr. Man sagt, dass er sogar eine außergewöhnlich stabilisierende Wirkung auf unser Gehirn hat und somit auch hilft, die Gedanken zu klären und auszugleichen. Viele, die 432 Hz lange hören, behaupten sogar, die Musik beeinflusse unsere geistige Entwicklung positiv. Mit der auch Sonnenton genannten 432-Hz-Schwingung resonieren wir mit der Phi-Spirale der Natur, die wir in allen Lebensformen wiederfinden. Musik, die mit 432 Hz schwingt, wird allgemein weicher wahrgenommen, und man hört sie nicht nur, sondern fühlt sie im Bauch und im Herzen. Viele berichten sogar, dass sie dabei ein angenehmes Kribbeln im Bereich der Wirbelsäule spüren. Es fühlt sich an, als würde die Musik ihren ganzen Körper in eine angenehme, harmonisierende Schwingung versetzen und auf diese Weise die Selbstheilungskräfte aktivieren.

Schon Mozart und Verdi wussten von der beruhigenden Wirkung der *göttlichen Frequenz.*

Ideal ist es, wenn du dir die CD mit guten Kopfhörern oder Boxen anhörst, um die volle Kraft der Musik auf- und wahrzunehmen. Damit die Affirmationen in dein Unterbewusstsein dringen können, reichen zwar die Lautsprecher von PC oder Smartphone, doch die volle Kraft der Musik entfaltet sich erst mit guten Boxen oder Kopfhörern. Die gängige Standardmusik richtet sich nach der Frequenz von 440 Hz, die unsere linke Gehirnhälfte und damit das bewusste Denken sehr stark aktiviert. Dadurch können aber auch Stress oder Ängste verstärkt werden.
Rudolf Steiner ging sogar noch einen Schritt weiter. Er war überzeugt, dass Musik im Bereich von 440 Hz Aggressionen und asoziales Verhalten fördern würde. Ob dies so ist, kann und will ich nicht beurteilen. Spannend ist allerdings, dass die gesamte klassische Musik, aber auch die Popmusik auf der Basis von 440 Hz schwingt und verschiedene Theorien behaupten, dass dies ganz bewusst so gemacht werde, damit wir nicht unsere volle Kraft entwickeln können.
Mozart und *Verdi* zum Beispiel bestanden darauf, dass alle, die ihre Werke spielen, ihre Instrumente mit 432 Hz stimmen und spielen. Auch die Ägypter, Griechen und Sumerer bevorzugten die Stimmung ihrer Instrumente im Bereich von 430 bis 432 Hz.
Ich persönlich finde Musik auf der Basis von 432 Hz für diese CD absolut stimmig, und als ich die Affirmationen getestet habe, habe ich sie zunächst mit klassischer *New-Age-Entspannungsmusik* unterlegt. Der Effekt jedoch mit der Musik, die *Mike Wilhelmer* speziell für diese CD komponiert hat, war wesentlich tiefer und entspannender. Ich bin überzeugt, dass diese Schwingung auch dir helfen kann, dich

noch besser zu entspannen und auch dein gesamtes Energiesystem auszugleichen, und dass die Affirmationen dadurch viel schneller und effektiver ihre heilende Wirkung entfalten können.

Exkurs *Meditation*

Bevor du mit den Übungen beginnst, möchte ich dir noch ein paar Gedanken zur Meditation mit auf den Weg geben.
Zeit für eine Meditation ist eigentlich immer. Es gibt keine guten oder schlechten Zeiten zum Meditieren. Manche Menschen können besser am Morgen, andere eher am Abend meditieren, wobei sich für einige Übungen der Abend allerdings besser eignet, weil du dann den Tag noch einmal Revue passieren lassen und bei einigen wichtigen Ereignissen verweilen kannst, was für die nachfolgenden Übungen ganz wichtig ist.
Zum Meditieren solltest du dir einen Platz suchen, an dem du ungestört bist, an dem nicht ständig jemand vorbeikommt und etwas von dir will und an den keine lauten Geräusche dringen. Wenn du mit der CD »Werde selbstbewusst im Schlaf« meditierst, dann solltest du auch darauf achten, dass kein Lärm von der Straße her zu dir dringt, damit du zur Ruhe kommen kannst. Am besten wäre es, wenn du für die nächsten 30 Nächte, während du dir die CD im Schlaf anhörst, allein in einem Zimmer schläfst, damit du wirklich gut schlafen kannst und dein Unterbewusstsein die Inhalte der Meditation mit der Musik aufnehmen kann.

Ideal ist jedenfalls ein fester Platz für deine Übungen, den du speziell für die Meditation immer aufsuchst. Das hat den Vorteil, dass dein Geist sich an den Platz gewöhnen kann und du dich nicht jedesmal wieder auf etwas Neues einstellen musst. So kannst du dich leichter und schneller auf die eigentlichen Übungen konzentrieren, und deine Energien, die du für die Veränderungen in deinem Leben brauchst, können sich leichter entfalten.

Aber natürlich kannst du an jedem Ort die meditativen Übungen durchführen, sei es in einem Hotelzimmer oder auch in einer fremden Wohnung. Nur geschützt solltest du sein. Und du brauchst einen CD-Player oder einen PC, um die Übungen durchführen und dabei die besondere Musik hören zu können.

Achte bei der Meditation unbedingt darauf, dass du von nichts und niemandem gestört wirst.

Und noch etwas ist sehr wichtig für die Meditation: Der Raum oder der Platz, an dem du die Übung durchführen möchtest, sollte gut durchlüftet sein. Frische Luft ist sehr wichtig, um deinen Atem richtig spüren zu können. Und auch die Raumtemperatur sollte für dich angenehm sein, es sollte nicht zu kühl und auch nicht zu warm sein.

Für eine Meditation ist es ganz entscheidend, dass du möglichst ruhig und entspannt bist – letztendlich die gleiche Voraussetzung wie für einen gesunden Schlaf.

Setz dich also bequem hin. Wenn du möchtest, kannst du dich auch hinlegen. Ich empfehle dir wie immer, dich bequem hinzusetzen. Dein Körper sollte unverkrampft und gelöst sein. Entspannen kannst du nur, wenn du loslässt. Lass alle quälenden und störenden Gedanken los. Versuche sie für die Dauer deiner Meditation zur Seite zu schieben. Sag dir, dass alle Gedanken nun erst einmal eine Pause haben. Dies gelingt dir am besten, wenn du die Augen schließt und deine gesamte Aufmerksamkeit auf deinen Atem lenkst. Nimm wahr, wie du einatmest und wie du ausatmest. Nimm wahr, dass deine Nasenflügel beim Einatmen kühler und beim Ausatmen wärmer sind. Spür einfach, wie du ein- und ausatmest, und komm dabei ganz zu dir. Lass den Atem ganz ruhig fließen, lass ihn kommen und gehen. Probiere einen Moment lang, nur deinen Atem zu beobachten bzw. ihn wahrzunehmen. Konzentriere dich ganz auf deinen Atem.

Versuche nun, alles, was sich in den Vordergrund schieben will, was du gehört oder was du erlebt hast, was du noch erledigen wolltest oder was du vergessen hast zu machen, zur Seite zu stellen. Wenn dich solche Gedanken stören, dann mach dir bewusst, dass du sie nicht vergisst, dass du im Moment aber etwas anderes, etwas Wichtigeres machen willst und dass du später auf die Gedanken und das, was du noch erledigen musst, zurückkommen wirst.

Konzentriere dich ganz auf deinen Atem, nimm nur deinen Atem wahr. Wenn dir dies gelungen ist, dann konzentriere dich ganz auf den Moment. Du bist nun da, und nichts stört dich mehr, nichts ist wichtiger als dieser Moment, du bist ruhig und gelöst, es gibt keine Sorgen und keine Nöte mehr. Nur noch dich ganz allein. Du bist weder nervös noch erregt, dein Atem geht ruhig aus und ein, er ist frei und unverkrampft. Du bist ganz gelöst. Wenn du so zur Ruhe gekommen bist, dann beginne mit der jeweiligen Übung, wie ich sie weiter unten beschreibe (→ Seite 38 ff.).

Exkurs *Atem*

Es ist ganz wichtig, dass wir uns noch ein paar Gedanken über das Atmen machen. Leben beginnt mit dem ersten Atemzug und endet mit dem letzten. Atmen ist also etwas ganz Normales. Warum sollten wir uns also darüber Gedanken machen? Weil richtiges Atmen enorme Auswirkungen auf unsere Gesundheit und unser Wohlbefinden hat. Und ganz viele Menschen haben ihren natürlichen Atemrhythmus verloren. Oft werden Menschen, die sich mit richtigem, gesundem Atmen beschäftigen, belächelt. »Wieso sollte ich das Selbstverständlichste der Welt üben, warum sollte ich mich damit beschäftigen?«, so sagen viele. Gott sei Dank atmen wir, ohne lang darüber nachzudenken. Und doch gibt es Situationen im Leben, da spüren wir unseren Atem ganz massiv. Wenn wir zum Beispiel hektisch atmen oder nach Luft ringen, keine Luft mehr bekommen, wenn uns etwas den Atem nimmt. Es lohnt sich, den Atem immer wieder einmal zu kontrollieren, ganz bewusst die Luft einzusaugen und tief in den Bauch hinein zu atmen und dabei zu spüren, dass wir negative Gedanken und Empfindungen mit dem Ausatmen aus unserem Körper hinausspülen können.

Sich ganz auf den Atem zu konzentrieren, ist eine wunderbare Methode, ganz ruhig zu werden.

Von meiner Schauspielausbildung (→ Seite 65) her weiß ich, wie wichtig es ist, richtig zu atmen, sich ganz bewusst mit der Atmung zu beschäftigen. Und es gibt viele Situationen, bei denen es heilsam ist, einfach mal tief durchzuatmen, den Ärger oder die aggressive Stimmung, die Angst oder die Nervosität einfach wegzuatmen.

»Da muss man erst einmal durchschnaufen«, sagt der Volksmund. Einfach mal einatmen, die Spannung aushalten und dann ganz bewusst den Atem ausströmen lassen. Die Konzentration auf das Selbstverständliche gibt uns Abstand zu dem, was uns belastet, und führt uns auf uns selbst zurück. Wir hören in uns hinein, spüren den frischen Atem und geben den verbrauchten ab.
Bewusstes Atmen fällt uns leichter, wenn wir Gähnübungen machen. Gähnen ist entspannend und tut richtig gut. Dabei atmet man verlangsamt tief ein und aus.
Richtiges und kontrolliertes Atmen ist eine Grundvoraussetzung für die Meditation und die Entspannung. Es lohnt sich also, immer wieder einmal bewusst durchzuatmen.

Exkurs *Gesunder Schlaf*

Wie Wissenschaftler, die den Schlaf erforschen, herausgefunden haben, schlafen wir im Jahr knapp 3.000 Stunden. Wenn wir das auf unser gesamtes Leben hochrechnen und wir eine mittlere Lebenserwartung von 75 Jahren annehmen, dann sind es etwa 25 Jahre, die wir sozusagen »verschlafen«. Wenn wir schlafen, ist unser Gehirn nicht ausgeschaltet, sondern es ist sehr aktiv, auch wenn wir das nicht wahrnehmen oder wenn wir davon nichts merken. Unser Unterbewusstsein nimmt im Schlaf alles auf, was um uns herum passiert. Wie Schlafforscher festgestellt haben, wird

»Wo die Sorge haust, lässt sich der Schlaf nicht nieder«, sagt ein englisches Sprichwort.

vieles, was wir am Tag erlebt und erfahren haben, in unserem Gehirn wiederholt und vertieft. Im Schlaf sind wir ganz besonders kreativ. Viele Maler und Wissenschaftler berichten, dass sie die besten Einfälle und Lösungen im Schlaf gehabt haben. Vielleicht hast du selbst auch schon festgestellt, dass dich ein Problem quält und du einfach nicht damit weiter kommst. Dann legst du dich hin und schläfst, und kaum wachst du auf, kommt dir die beste Lösung in den Sinn. Und Psychologen haben festgestellt, dass wir im Zwischenzustand von Schlaf und Wachsein am kreativsten sind, dass uns da die besten Ideen und Lösungen einfallen. Wir brauchen nur hinzuhören und uns ernst nehmen.

Schlafen ist ein Bedürfnis des Körpers, das mit unserem Biorhythmus zusammenhängt. Viele Biologen berichten, dass jedes Lebewesen schlafen muss, um überleben zu können. Schlafmangel ist beispielsweise die Ursache vieler Krankheiten und Befindlichkeitsstörungen. Er führt unter anderem zu erhöhtem Blutdruck, und Schlafmangel kann sogar die Ursache für Herzrhythmusstörungen sein.

Mediziner haben festgestellt, dass es einen Zusammenhang zwischen zu wenig Schlaf und verschiedenen Herzleiden gibt. Und sogar unser Gewicht wird maßgeblich von zu wenig oder ausreichend Schlaf beeinflusst. Wer zu wenig schläft, bringt auch mehr Gewicht auf die Waage. Und wer ausreichend schläft, nimmt im Schlaf ab.

Schlafen ist ein Bedürfnis, das wir so dringend brauchen wie Essen, Trinken und Atmen. Daher ist es ganz wichtig, dass wir beim Schlafen entspannen können. Je entspannter du ins Bett steigst, desto besser kannst du schlafen. Wenn du entspannt schläfst, dann ist dein ganzer Körper gelöst und gelassen. Am besten kannst du das bei Katzen beobachten.

Unser gesamtes Leben ist geprägt von Anspannung und Entspannung. Gäbe es keine Anspannung, wäre unser Leben langweilig und eintönig. Es gäbe keine Höhepunkte und nichts, worauf wir uns freuen können. Man würde einfach so dahinvegetieren. Nach einer Anspannung braucht es aber die Entspannung, sonst würden wir ständig unter Vollgas leben. Wir müssen also von der Anspannung wieder herunterkommen. Entspannung ist die wichtigste Voraussetzung für einen gesunden Schlaf und auch für eine gelingende Meditation. Im Abschnitt »Meditation« (→ Seite 22) findest du mehr zum Thema »Entspannung«.

Beim Schlafen sinkt der Blutdruck, der Puls wird langsamer, die Körpertemperatur wird geringer, und die Verdauungsarbeit ist stark reduziert. Dafür produziert der Körper nun verschiedene Hormone, damit in deinem Gehirn wieder Ordnung herrschen kann. Wer schlecht oder zu wenig schläft, ist oft schlapp, schlecht gelaunt, gereizt, er altert schneller, die Haut wird schneller faltig, und wir können uns nicht mehr so gut konzentrieren.

Daher ist es enorm wichtig, dass wir entspannt und ausreichend lang schlafen. Es ist nicht wichtig, ob wir früh oder spät ins Bett gehen, entscheidend ist wirklich, dass wir ausreichend, entspannt und tief schlafen können. Ob wir früh ins Bett gehen und dafür aufstehen, wenn die Sonne aufgeht, oder ob wir spät ins Bett finden und dafür am Morgen länger schlafen, spielt für unser Unterbewusstes keine Rolle.

Oft werde ich gefragt, was man machen kann, um entspannt einschlafen zu können. Es gibt zwar keine Methode, die für jeden passt, weil jeder Mensch unterschiedlich ist, unterschiedlich lebt und auch unterschiedlich tief, lang, entspannt, gut oder schlecht schläft. Dennoch gibt es ein paar Dinge, die man vermeiden, auf die man achten sollte, um entspannter ein- und durchzuschlafen. Dazu gehören zum Beispiel negative Gedanken. Wenn dich dein Chef oder eine Kollegin oder dein Partner gekränkt haben, und du bringst diesen Ärger oder diese Kränkung nicht mehr aus dem Kopf, dann lässt dich dieser Ärger einfach nicht einschlafen. Du kannst diese negativen Gedanken aber einfach zur Seite schieben. Mir geht es nicht darum, Negatives zu verdrängen, aber du kannst diese unangenehmen Gedanken unterbrechen. Du kannst sie vor dem Einschlafen beiseite schieben und dir sagen: Stopp! Jetzt will ich mich nicht mehr mit diesen belastenden Sorgen und Gedanken beschäftigen. Ich mache erst einmal eine Pause. Morgen früh oder am nächsten Tag ist noch genug Zeit, mich wieder damit zu beschäftigen und mich davon beunruhigen zu lassen und eventuell zu einer Lösung zu kommen.

Stress, Ängste, Streit, Belastungen und Verspannungen sind Schlafkiller Nummer eins.

Hilfreich für einen gesunden und entspannten Schlaf ist alles, was dich mit Dankbarkeit und Freude erfüllt. Versuche einmal, dich an alles Positive, was dir während des Tages oder auch in letzter Zeit passiert ist, zu erinnern. Ruf dir Menschen ins Gedächtnis, die dir etwas Schönes gesagt, die dich gelobt haben, die dich lieben und die gern mit dir zusammen sind, und gib diesen schönen Erinnerungen

Raum. Du wirst sehen, dass sich auch dein Schlaf damit verändert, dass du viel entspannter einschlafen kannst. Ich habe einmal ein Sprichwort gelesen, das mir besonders gut gefallen hat: »Wenn du schlafen gehst, dann steck deine Sorgen in die Schuhe.«

Nun gibt es viele Menschen, die glauben, sie würden einen Inhalt leichter lernen, wenn sie sich das entsprechende Lehrbuch unters Kopfkissen legen, und sie würden dann im Schlaf die Inhalte aufnehmen. Das ist aber eher ein Märchen. Was allerdings wirklich funktioniert, ist, wenn der Inhalt *akustisch* ins Unterbewusstsein dringt.

Wenn wir also schlafen und uns die Meditation der CD »Werde selbstbewusst im Schlaf« anhören, dann nimmt unser Unterbewusstes alle diese Inhalte auf, registriert die positiven Änderungen und programmiert sozusagen unser Unterbewusstsein um. Die Wirkung verstärkt sich ganz massiv, wenn dies über einen längeren Zeitraum geschieht, wie ich es bereits weiter oben (→ Seite 11 ff.) geschildert habe, in unserem Fall eben über 30 Tage bzw. Nächte.

Exkurs *Gelassenheit*

Ein wichtiges Thema auf dem Weg zu mehr Selbstbewusstsein ist die Fähigkeit, loszulassen. Was bedeutet eigentlich loslassen, Gelassenheit? Woran erkennt man einen gelassenen Menschen? Warum ist Gelassenheit wichtig auf dem Weg zu einem größeren Selbstbewusstsein? Gelassen sein bedeutet zunächst ruhig, beherrscht und gleichmütig zu sein. Das Gegenteil von gelassen ist unbeherrscht, maßlos. Eine gelassene Person ist ausgeglichen, bedacht, beherrscht, besonnen, gefasst und gleichmütig. Ein gelassener Mensch regt sich nicht sofort auf, wenn etwas nicht so läuft, wie er sich das gerade vorstellt. Er kann etwas ruhig hinnehmen, ohne auszuflippen oder zusammenzubrechen. Die gelassene Person lässt sich also nicht so ohne Weiteres aus der Ruhe bringen und bringt etwas mit Ruhe, Aufmerksamkeit und Wachsamkeit zu Ende. Gelassenheit führt im Idealfall zu hoher Konzentration und innerer Sammlung und macht uns bereit, die Herausforderungen des Lebens anzunehmen.

Viele Menschen meinen, Gelassenheit sei so etwas wie Coolness. Ein gelassener Mensch bleibe in jeder Situation cool, so glauben sie. Doch Gelassenheit und cool sein ist nicht das Gleiche, ganz im Gegenteil. Coolness heißt eigentlich, seine wahren Gefühle zu unterdrücken; man steht über den Dingen und lässt nichts an sich herankommen. Für viele junge Leute ist cool sein so etwas wie lässig sein. Einen coolen Typen könne nichts umhauen oder aus der Fassung bringen. Doch auch wenn man gelassen ist, kann man aus der Haut fahren. Gelassenheit meint vielmehr, dass man loslassen kann und nicht verbissen hinter einer Sache her ist, sie unbedingt haben, lösen oder beherrschen zu wollen.

Vertrauen ist die Grundlage für Kraft und Gelassenheit und die Basis für Beziehungsfähigkeit.

Es gibt ein chinesisches Sprichwort, das sagt: Wer loslässt, hat seine Hände für etwas anderes frei. Auf unser Thema »Selbstbewusstsein« übertragen, heißt das: Wir lassen alte Gewohnheiten und Einstellungen los, die uns kleinmachen, die uns niederdrücken, die uns nicht aufrecht gehen und stehen lassen, und öffnen uns für etwas Neues, Großes, Beglückendes.

Angst: Feind der Gelassenheit

Angst gehört zu unserem Leben. Sie ist eigentlich ein Schutzmechanismus, der uns vor Bedrohungen und Gefahren warnt. Ohne diese Form der Angst könnten wir nicht überleben. Zur besseren Unterscheidung wird diese Angst vielfach als Furcht bezeichnet. Vor bedrohlichen Situationen reagieren wir mit Flucht, Angriff oder Stillhalten.

In unserem Zusammenhang geht es aber um das Gefühl der Angst, um die Angst, die uns lähmt oder uns krank macht, die durch eine reale oder nur in der Vorstellung ausgemalte Bedrohung in uns aufsteigt. Oft spüren wir diese Angst auch körperlich: Wir bekommen feuchte Hände, wir schwitzen, der Atem geht schneller, das Herz klopft rasend, einigen wird schwindlig, manchen Menschen wird buchstäblich schlecht.

> Wenn uns die Angst überfällt, sind wir nicht mehr in der Lage, vernünftig zu reagieren.

Es gibt kein Leben ohne Angst, man kann aber Gegenkräfte gegen die Angst entwickeln: Fröhlichkeit, Mut, Vertrauen in sich und andere, Hoffnung und Liebe.

Was für unseren Zusammenhang besonders wichtig ist: Angst steht der Gelassenheit entgegen. Der gelassene Mensch verkörpert das Gegenteil einer ängstlichen Person. Die Angst lähmt uns, sie lässt uns nicht klar denken und logisch handeln. Doch wir können versuchen, etwas dagegen zu unternehmen. Verschiedene Wissenschaftler haben sogenannte Strategien entwickelt, mit denen sich Ängste überwinden bzw. mindern lassen. Die wichtigste Strategie ist die ruhige, kontrollierte Atmung, wie ich sie weiter oben beschrieben habe (→ Seite 25 f.).

Man kann auch mit meditativen Übungen gegen seine Angst angehen. Wir können damit Mut und Vertrauen gewinnen, was zu Gelassenheit und Vertrauen führt. Denn Gelassenheit hat sehr viel mit Vertrauen zu tun. Ohne Vertrauen kann man gar nicht gelassen sein. Gelassenheit ist eine lebenslange Aufgabe. Sie stellt eine ständige Herausforderung dar. Das Gegenteil von Gelassenheit ist die Hysterie. Gelassenheit entsteht mit der Erfahrung von Vertrauen im Austausch und in der Kommunikation mit anderen Menschen, in der Fähigkeit, uns zu beobachten und unser Verhalten zu reflektieren und daraus Selbstsicherheit, Ruhe und Kraft zu schöpfen. Aus der Geborgenheit und Beziehungssicherheit heraus entsteht Vertrauen in sich und andere, das uns durchs Leben trägt.

Was eine gelassene Persönlichkeit kennzeichnet

Du siehst schon, wie wichtig es ist, gelassen zu werden, loslassen zu können, wie sehr es unser Selbstwertgefühl, unser Selbstbewusstsein beeinflussen und stärken kann. Gelassenheit ist nicht frei von Wünschen und Erwartungen. Sie schließt tiefes Mitgefühl, Neugierde und Interesse am anderen Menschen mit ein. Gelassenheit kann man direkt körperlich spüren: Dein Atem wird ruhiger, der Herzschlag verlangsamt sich. Gelassenheit entsteht nur, wenn ich mich öffnen und Kritik an mir zulassen kann. Ein gelassener Mensch macht nicht Dinge, weil andere es so von ihm erwarten, er fragt sich nicht, was wohl der Nachbar, der Kollege, die Freundin dazu sagen würden. Der gelassene Mensch ruht in sich selbst, er strahlt ein ungemein starkes Selbstbewusstsein aus und ist dennoch freundlich und liebenswert. Insofern gehören Gelassenheit und Selbstbewusstsein ganz eng zusammen. Sie sind sozusagen die zwei Seiten einer Medaille.

Zehn Übungen für ein starkes Selbstbewusstsein

Ich möchte dir zu dieser CD noch zehn Übungen an die Hand geben, die du ganz einfach in deinen Alltag integrieren kannst. Damit sich dein Selbstbewusstsein schneller entfalten kann, empfehle ich dir diese einfachen Übungen. Sie unterstützen dich aktiv in deinem Veränderungsprozess. Die Übungen kommen aus meinem Onlinekurs, den du in der *Enjoy this Life® Community* findest: www.enjoythislife.de

Versuche einfach, diese Übungen in dein normales Leben zu integrieren, und halte dich dabei an die dabei gegebenen Tipps. Vielleicht wird dir einiges fremd vorkommen, und du denkst, dass dies alles nicht möglich sei. Doch denk daran, dass diese negativen Gedanken nur ein *altes* Programm sind, das deinen aktiven Weg zu mehr Selbstbewusstsein verhindern will, und vertraue darauf, dass dir die CD dabei helfen wird, dieses Programm in deinem Unterbewusstsein aufzulösen. Du wirst sehr schnell feststellen, dass dir schon nach kurzer Zeit die Übungen Spaß machen.

Auf www.enjoythislife.de findest du Kurse zur Persönlichkeitsentwicklung und Lebensfreude.

Wichtig ist, dass du dir, bevor du mit den Übungen beginnst, sagst: »Ich lasse mich voll und ganz auf das ein, was Pascal sagt. Ich probiere die Übungen aus, und erst wenn ich sie ernsthaft ausgeführt habe, beurteile ich, ob sie funktioniert haben oder nicht!«

Viele werden nicht selbstbewusst, nicht weil sie es nicht könnten, sondern weil sie sich gar nicht verändern wollen, oder weil sie sich selbst keine Chance auf Veränderung geben! Sei daher bitte clever genug, und nimm dir Zeit. Beginne noch heute, mit mir zusammen dein Leben zu verändern. Lass mich für die nächsten Tage dein persönlicher Coach sein! Du entscheidest, wie lange und wie intensiv dies sein soll. Lass uns beginnen!

Lektion 1: Tu es jetzt – du kannst es

Mach dir bewusst, dass es möglich ist, dein Leben zu ändern. Mach dir bewusst, dass du nur dieses eine Leben hast! Hör auf mit Ausreden! Was Menschen am Ende ihres Lebens am häufigsten bereuen: »Hätte ich doch nur den Mut gehabt, mein Leben mir selbst getreu zu leben und nicht so zu leben, wie andere es von mir erwartet haben. Hätte ich doch nur den Mut gehabt, meine wahren Gefühle zu zeigen, authentisch und aufrichtig zu leben und mein wahres *Ich* zum Ausdruck zu bringen.«

Hör auf zu denken, du hättest keine Wahl und du seist ein Opfer deiner Umstände! Ich hoffe, dass dir dies bewusst ist! Selbstbewusstsein ist lernbar, wenn du noch nicht selbstbewusst bist, dann hast du etwas noch nicht verstanden! Du bist der Schöpfer und nicht das Opfer deines Lebens. Menschen, die stark und selbstbewusst auftreten und ihr eigenes Ding *durchziehen*, haben eine Sache gemeinsam:

Sie alle haben die Erfahrung gemacht und daraus die tiefe Erkenntnis gewonnen, dass sie ihre Realität selbst erschaffen müssen! Du bist der Meister deiner Realität. Du kannst alles tun und alles machen – du musst nur innerlich bereit dazu sein. Wenn dir diese Erkenntnis schwerfällt, liegt es nur daran, dass du – aus welchen Gründen auch immer – bis heute das Gefühl hast, du seist nicht selbstbewusst und Opfer deines

Es ist ein Irrtum zu glauben, innere Stärke und Selbstbewusstsein haben mit Schicksal zu tun.

Schicksals. Leider wird uns dies oft so beigebracht oder vorgelebt, und wir glauben es einfach, weil wir es nicht besser wissen. Doch glaub mir: Das ist ein Irrtum, du kannst es, wichtig ist nur, dass du es *jetzt* tust. Lass uns mit diesen wenigen zusätzlichen ganz praktischen Übungen beginnen.

Übung 1

- Ab heute hörst du dir mindestens 30 Tage lang die CD an. Am besten die ganze Nacht hindurch, weil die CD dir helfen wird, umzudenken und dein Unterbewusstsein zu deinem Freund zu machen. Mach dir bewusst, dass das Unterbewusstsein 95 Prozent deiner Gedanken und Handlungen bestimmt. Wenn wir es schaffen, das Unterbewusstsein zu unserem Freund zu machen, dann arbeiten 95 Prozent *für* dich und nicht mehr *gegen* dich. Bei nahezu allen Menschen arbeitet das Unterbewusstsein gegen sie selbst, und sie probieren mit nur 5 Prozent bewusstem Handeln und Denken ihr Leben zu ändern. Doch dies ist so gut wie unmöglich. Die CD macht den schwierigsten Teil für dich, einfach ohne dein Zutun, in der Nacht, während du schläfst. Du brauchst dir die CD nur anzuhören.
- Die folgende Übung kannst du immer dann machen, wenn du gerade in einer Situation nicht so reagiert hast, wie du wolltest, oder wenn dir deine Ängste dein Selbstbewusstsein zunichte ge-

macht haben. Ich nenne diese Übung *Positives Umerleben*: Im Grunde genommen ist die Übung ganz einfach. Sicher kennst du Situationen, in denen dir im Nachhinein bewusst wurde, dass du hättest anders handeln oder reagieren sollen, dass du dieses oder jenes noch hättest sagen können. Gerade wenn dein Selbstbewusstsein noch nicht so stark ist, wirst du dies öfter erleben und erfahren. Und was macht man dann normalerweise? Man geht zu Hause noch einmal in die Frustenergie und sagt sich wütend: »Ich war so doof! Warum habe ich nicht? Ich hätte doch nur und und und …!« Ab heute kannst du diese Situationen positiv verändern. Mach dies ab heute immer dann, wenn du nicht so reagiert hast, wie du es dir gewünscht hättest.

Das Anhören der CD kann ein Gute-Nacht-Ritual sein, das dich gut und fest schlafen lässt.

Vorteile dieser Methode

Warum es von Vorteil ist, nach dieser Methode vorzugehen. Erstens, weil dein Unterbewusstsein nicht unterscheiden kann, ob etwas real ist oder nicht und du dadurch lernst, neue, positive Handlungen in dein Leben zu lassen und zu integrieren.
Zweitens, weil dir diese Methode helfen soll, Situationen, die negativ waren, zu vergessen und zu verarbeiten und du am Ende sogar noch etwas Positives für dein Unterbewusstsein gemacht hast. Denk daran: 95 Prozent deines Handelns, Denkens und Fühlens geschieht im Unterbewusstsein. Unser Hauptziel ist es, das Unterbewusstsein zu unserem Freund zu machen. Bevor du mit der Übung beginnst,

solltest du dir deswegen bewusst machen, welche Situation du umerleben möchtest.

Dann schließ deine Augen und mach zuerst ein paar Atemzüge, um zur Ruhe zu kommen. Wichtig ist dabei, dass du nicht mit destruktiven Emotionen in diese Übung gehst. Komm voll und ganz zur Ruhe. Am einfachsten ist es, zur Ruhe zu kommen, wenn du den Fokus ganz auf deinen Atem legst. Atme auf diese Weise etwa zwei bis fünf Minuten lang (→ Seite 25 f.), wie ich es weiter oben beschrieben habe.

Wenn du ganz in deiner Mitte bist, dann stell dir noch einmal die Ausgangssituation vor, die du verändern möchtest. Begib dich nun mit deiner ganzen Konzentration in diese Situation, betrachte alles so, wie es war. Achte auf die Geräusche und Düfte, erinnere dich an alles, wie du es ursprünglich erlebt hast. Immer wenn du an eine Situation oder an eine Stelle kommst, an der du etwas verändern, an der du anders reagieren möchtest, handelst du jetzt exakt so, wie du es dir in deiner Vorstellung wünschst. Jedes Detail, das destruktiv ist, erlebst du nun so, wie du es gern möchtest, wie es für dich richtig und positiv ist.

Mach dir bewusst, was du verändern möchtest, und konzentriere dich ganz auf deine Wünsche.

Stell dir vor, du bist der Regisseur dieses Films, und du drückst immer dann die Stopptaste, wenn du an eine Stelle kommst, die dir nicht gefällt. Und dann lässt du langsam in deiner Vorstellung den Film neu entstehen, und zwar ganz als *Enjoy-this-Life-Persönlichkeit*. Fühle und erlebe die Situation voll und ganz, spüre die positiven Emotionen und geh ganz in die Szenen hinein. Wenn du die Veränderung in deiner Vorstellung wirklich erlebst und du in die positiven Emotionen gehst, wird es für dein Unterbewusstsein und für dein Gehirn genau so sein, wie du es in deiner Vorstellung erlebst. Am Ende wird es in deinem Unterbewusstsein vollständig als positiv abgespeichert. Sobald du die Situation von Anfang bis zum Ende total so umerlebt hast, wie sie nun für dich stimmig ist, öffnest du deine Augen und du kommst wieder ins Hier und Jetzt zurück.

Exkurs *Unterbewusstsein*

In der Psychologie teilt man das, was in unserem Gehirn passiert, in das Bewusstsein, das Unterbewusstsein und das Unbewusste ein. Wir können unser Unterbewusstsein nicht willentlich beeinflussen. Im Unterbewusstsein wird jedoch alles gespeichert, was wir erlebt, erfahren, gefühlt und gedacht haben, alle Vorstellungen, Erinnerungen und Eindrücke, die wir haben und die wir gemacht haben, die Gründe, warum wir etwas so und nicht anders machen, unsere Einstellungen zu dem, was uns umgibt, was andere sagen, was wir gelernt haben und was uns anerzogen wurde. Alles, was wir im Moment aktiv machen, denken oder unterlassen, geschieht bewusst. Im Unterbewusstsein aber spielen auch die Elemente eine Rolle, die im Augenblick nicht aktiv sind und die uns nicht bewusst sind. Das Unterbewusstsein hat die sehr wichtige Funktion, alles das wahrzunehmen, was wir nicht bewusst aufnehmen können. Das meiste von dem, was in unserem Unterbewusstsein abgespeichert ist, ist angelernt. Deswegen können wir unser Unterbewusstsein auch umprogrammieren, wenn wir zum Beispiel die Übungen und Meditationen auf meiner CD »Werde selbstbewusst im Schlaf« durchführen. Wichtig dabei ist, dass du immer mehr zu deinem eigenen Regisseur wirst, dass du die Verantwortung für dein Leben selbst in die Hand nimmst.

Exkurs *Erfolgstagebuch*

Als Begleitung die nächsten 30 Tage, in denen du die CD »Werde selbstbewusst im Schlaf« anhörst und die Übungen in diesem Buch durchführst, empfehle ich dir zusätzlich, ein *Erfolgstagebuch* zu führen. Dies ist ein ganz wichtiges Instrument, mit dem du gegen die inneren Widerstände ankämpfen kannst, die dir vielleicht einreden wollen, dass deine ganzen Bemühungen nichts bringen und dass du dich gar nicht verändern kannst. Das Erfolgstagebuch hilft dir auch gegen die falschen Einflüsterungen deines alten Unterbewusstseins, deine Veränderungsbemühungen würden viel zu langsam vorangehen. Ein Erfolgstagebuch hilft dir ferner, gegen die Passivität anzugehen, die jeder von uns kennt und immer wieder durchlebt, wenn er ungewohnte und neue Wege geht, weil eben das Gewohnte so schön bequem ist und man sein Leben so wunderbar darauf eingerichtet hat. Warum sollte man sich also verändern? Und Veränderungen sind enorm kraftraubend. Sie geben dir aber auch unglaubliche Energie.

Weil du dir jeden Tag schwarz auf weiß vor Augen führen kannst, welch riesigen Weg du bereits gegangen bist, empfehle ich dir dieses Erfolgstagebuch. Ich selbst habe auch eines geführt, und auch heute führe ich öfter eines, wenn ich neue Übungen und neue Methoden entwickle. Es zeigt mir, an welchen Punkten noch Verbesserungen notwendig sind, und es gibt mir gleichzeitig ein wunderbares Feedback zu meiner Arbeit. Es bestätigt auf diese Weise meinen eingeschlagenen Weg.

Das Erfolgstagebuch führen

Ein Erfolgstagebuch kann auf sehr unterschiedliche Weise geführt werden. Du kannst dir ein kleines Buch mit leeren Seiten zulegen, du kannst dir einen Schreibblock zulegen, du kannst das Tagebuch aber auch auf deinem PC führen. Ganz egal, welche Form dir lieber ist und womit du dich leichter tust: Du solltest das Erfolgstagebuch allerdings ganz konsequent führen. Denn nichts ist schlimmer, als an einem Tag die großen Erfolge einzutragen, und am nächsten Tag, an dem es vielleicht nicht die Mega-Erfolge waren, nichts einzutragen. Gerade die kleinen Schritte, die täglichen kleinen Veränderungen sind es wert, wahrgenommen, reflektiert und aufgeschrieben zu werden.

Sei dein eigener Regisseur, der zu jeder Zeit die Verantwortung für dein Leben übernimmt.

Schreib einfach alles auf, was dir in den Sinn kommt und was du als positiv bewertest, was dir zeigt, dass du auf einem guten, dem richtigen Weg bist. Du kannst deine Erfolge stichpunktartig notieren oder schön ausformulieren mit blumigen Worten, die dir guttun und die dir gefallen. Du kannst dein Erfolgstagebuch auch bebildern und deine Fortschritte mit Fotos dokumentieren. Es geht vor allem darum, dass du dich beim Führen deines Erfolgstagebuchs wohlfühlst, dass du es gern führst und dass du während, aber auch nach den Übungen immer wieder gern darin liest.

Lektion 2: Glaubenssätze

Mach dir bewusst, dass im Grunde genommen: »Ich habe kein Selbstbewusstsein« nur ein Glaubenssatz ist. Aus meiner Sicht ist Selbstbewusstsein nichts, was man einfach hat, sondern man hat es sich bewusst oder unbewusst antrainiert. Viele Menschen glauben, man komme mit viel Selbstbewusstsein auf die Welt oder man habe eben kein Selbstbewusstsein. Doch dies ist sehr naiv. Schon als Kind machen wir Erfahrungen, mit denen wir unser Selbstbewusstsein trainieren können.

Frag dich doch zum Beispiel einmal, wie deine Eltern mit dem Thema *Selbstbewusstsein* umgegangen sind. Sind oder waren sie selbstbewusst? Haben sie, als du noch ein Kind warst, dein Selbstbewusstsein gefördert? Du solltest wissen, dass Selbstbewusstsein nichts anderes als Training ist. Je öfter du etwas gemacht hast, umso sicherer fühlst du dich darin. Immer dann, wenn du nicht selbstbewusst bist, hat es damit zu tun, dass du etwas noch nicht so oft getan hast oder dass du es mit etwas Negativem verknüpfst. Wenn es dir zum Beispiel schwerfällt, vor fremden Menschen zu sprechen, dann nur, weil dir dazu die Routine fehlt oder weil du ständig darauf achtest, was alles nicht ideal ist oder was gerade schiefläuft oder schieflaufen könnte. Glaub mir, du kannst alles lernen, auch Selbstbewusstsein. Und auch Selbstbewusstsein ist nur eine Sache des richtigen Trainings. Wiederholung schafft Sicherheit. Beginne, dein Leben neu zu gestalten, sodass neue Glaubenssätze aktiviert werden.

Überleg dir, ob deine Eltern bezüglich deines Selbstbewusstseins gute Vorbilder für dich waren.

Die CD wird dir helfen, neue Glaubenssätze in der Nacht tief und fest in deinem Unterbewusstsein zu verankern. Wichtig dabei ist, dass du in Zukunft nicht mehr sagst und auch nicht denkst, dass du nicht selbstbewusst bist. Glaub mir, auch ich war früher sehr unsicher, wenn ich auf der Bühne stand. Ich besuchte in meiner Jugend eine Schauspielschule, und ich war am Anfang der Ausbildung sehr unsicher. Doch durch ständige Wiederholung und Auftritte vor Publikum machten mir die Auftritte immer mehr Spass. Die Wiederholung hat mir dabei ganz entscheidend geholfen. Was früher für mich ein Horror war, wurde immer mehr zum Vergnügen. Ich liebe es mittlerweile, vor Tausenden Menschen auf der Bühne zu stehen. Mein Glaubenssatz ist: Auch wenn etwas schiefgeht und die Menschen merken, dass ich nervös bin, macht es mich letztendlich nur sympathisch. Und diese Erfahrung kannst auch du machen.

Es kostet wesentlich mehr Energie, seine Unsicherheit zu verbergen, als sie offen zu zeigen.

Oft frage ich sogar auf der Bühne: »Seid ihr auch so nervös wie ich?« Meistens lachen dann die Leute, weil sie meinen, ich mache Witze. Doch im Grunde ist es mein voller Ernst, und wenn ich sehr nervös bin, sage ich diesen Satz, damit ich mich entspannen kann, wenn sie lachen. Ein kleiner Trick, der ungemein hilfreich ist. Ich spreche vor allen Leuten an, dass ich nervös bin. Und so muss ich es dann auch nicht mehr verstecken und kann dadurch viel entspannter auftreten. Was vor einigen Jahren noch der blanke Horror für mich war, ist heute etwas, das ich in 99 Prozent der Fälle liebe. Es macht ungemein Spaß, auf der Bühne zu stehen. Mir wurde allerdings in diesen Anfangszeiten klar, dass Selbstbewusstsein nicht etwas ist, das einem einfach geschenkt wird oder was einem angeboren ist, sondern dass man durch Lernen, Erfahrung und Wiederholung selbstbewusst wird.

Exkurs *Glaubenssätze im Alltag*

Man muss nicht herausfinden, welche Glaubenssätze man hat, woher dieses und jenes Verhaltens- oder Denkmuster kommt. Bis zu einem gewissen Grad ist es zwar gut, sich die eigenen Glaubenssätze bewusst zu machen. Wenn du allerdings im Moment noch nicht genau spürst, was deine Glaubenssätze sind, dann setz dich nicht stundenlang hin und grüble darüber nach, welche Glaubenssätze du haben könntest, welche negativen Glaubenssätze dein Leben bestimmen oder wie du zu diesen Glaubenssätzen gekommen bist, weil du dadurch den Fokus auf die negativen Glaubenssätze legst, was deinen Umlernprozess behindert und im schlimmsten Fall sogar verhindert.
Die meisten Glaubenssätze sind ganz offensichtlich, und man weiß sofort, worum es geht. Deswegen geht es zunächst darum, diese ganz offensichtlichen Glaubenssätze herauszustellen. Das gelingt am besten, wenn du auf einem Blatt Papier – vielleicht kaufst du dir einen Schreibblock, den du für diese Übungen noch häufiger brauchen wirst – alle Glaubenssätze notierst, die dir spontan einfallen oder die du sogar in deinem individuellen Wortschatz häufig gebrauchst und die sich auf diese Weise ständig wiederholen.

Glaubenssätze, die jeder kennt

Die Glaubenssätze müssen nicht zwingend mit dem Thema »Selbstbewusstsein« zu tun haben, es können auch ganz andere Glaubenssätze sein. Ich möchte dir ein paar Beispiele geben, damit du verstehst, was damit gemeint ist.

Glaubenssätze, die du als Kind gehört hast

- Das kannst du nicht.
- Dafür bist du noch zu klein.
- Sei still.
- Sei angepasst.
- Fall nicht auf.
- Tanz nicht aus der Reihe.
- Das tut man nicht.
- Sei nicht so laut.
- Du bist eine Frau.
- Du bist ein Mann.
- Fremde Menschen spricht man nicht einfach an.
- Du bist noch zu jung.
- Sei still, wenn Erwachsene reden.
- Rede keinen Unsinn.
- Was du sagst, interessiert niemand.
- Ein richtiger Junge weint nicht.

Warum Glaubenssätze problematisch sind

Die Glaubenssätze aus deiner Kindheit sind deswegen so problematisch, weil das Gehirn bei Kindern bis zum zwölften Lebensjahr noch keine Beta-Wellen produziert. Beta-Wellen sind jene Wellen im Gehirn, die dich analysieren lassen, ob etwas richtig oder falsch, ob etwas stimmig oder unstimmig ist. Dies ist deswegen so wichtig, weil all das, was deine Eltern, deine Geschwister, deine Lehrer, deine Bekannten, Freunde, einfach alle deine Mitmenschen etc. gesagt, behauptet oder gemacht haben und wie deine Eltern gelebt haben, in deinem Gehirn, also im Unterbewusstsein, abgespeichert wurde. Und du hattest keine Möglichkeit zu prüfen, ob das alles wahr, richtig oder falsch, gut oder schlecht für dich ist.

Ein geringes Selbstbewusstsein oder Unsicherheit sind kein Gen-Defekt, sondern Glaubenssätze.

Wenn du von Menschen umgeben warst, die ein starkes Selbstbewusstsein hatten, die sich etwas getraut haben, die stark waren und die dir ein positives Beispiel gegeben haben, dann wirkt sich das auch auf dich und dein Unterbewusstsein aus. Dann bist auch du höchstwahrscheinlich selbstbewusst, gefestigt und innerlich stark. Aber bei den meisten Menschen ist dies leider nicht der Fall.

Schreib daher einmal deine Glaubenssätze, die dir spontan einfallen, auf. Es geht jedoch nur um jene Glaubenssätze, die dich hemmen, die also für deine Persönlichkeitsentwicklung nicht gut waren, die gewissermaßen einem glücklichen Leben im Weg stehen. Es gibt selbstverständlich auch Glaubenssätze, die förderlich sind. Aber um diese müssen wir uns keine Gedanken machen. Es geht nur um jene Glaubenssätze, die lebensverbietend sind und deiner Entwicklung im Weg stehen. Der Sinn dieser Übung liegt ausschließlich darin, diese negativen Glaubenssätze aus deinem Unterbewusstsein herauszulösen.

Die Glaubenssätze nicht analysieren

Wahrscheinlich hast du nicht alle Glaubenssätze gefunden. Das ist im Moment auch gar nicht wichtig. Zunächst geht es nur darum, festzustellen, ob du selbstbewusst bist oder nicht, ob du erfolgreich bist oder nicht, ob du glücklich bist oder nicht. Es ist auch nicht entscheidend, ob das, was du empfindest, auch andere so sehen. Es geht ausschließlich darum, welche Glaubenssätze du hast. Du musst deine Glaubenssätze auch nicht analysieren und sie aufzulösen versuchen. Es geht nicht darum, in der Vergangenheit, in deinen Blockaden, in der destruktiven Energie zu wühlen und sie aufzuspüren. Es geht nur darum, dir deine Glaubenssätze bewusst zu machen. Denn nur, wenn du dir deine Glaubenssätze bewusst machst, sie aus dem Unterbewusstsein hervorholst, hast du auch die Kraft und die Möglichkeit, sie zu verändern.

Suche den Kontakt zu Menschen mit starkem Selbstbewusstsein und lass dich von ihnen inspirieren.

Wenn du dir deine notierten Glaubenssätze in einem zweiten Schritt ansiehst, dann merkst du vielleicht, dass sie nicht wahr sind, dass sie nicht deine Realität widerspiegeln, sondern dass du sie immer wieder gehört hast und dass du sie deswegen geglaubt hast.

Es ist daher auch gar nicht wichtig, dass du alle deine Glaubenssätze findest und aufschreibst. Es ist wesentlich spannender, herauszu-

finden, wie du sie *verändern* kannst. Und das geschieht auf folgende Weise: Schau dir noch einmal an, was ich weiter oben zu den Affirmationen (→ Seite 14 ff.) geschrieben habe, also:
»Ich bin ruhig und gelassen.«
»Ich teile mich stets klar und verständlich mit.« U. a. m.
Da es in diesem Buch ja vor allem um das Selbstbewusstsein und um sicheres Auftreten geht, solltest du nun ein neues Blatt nehmen und dir darauf notieren, wie du gern sein möchtest, und zwar immer in Bezug auf dein Selbstbewusstsein. Nimm dir dazu mindestens 15 Minuten Zeit.

Übung 2

Bei der folgenden Übung geht es um Vorbilder: Schreib auf ein Blatt die Namen von fünf Personen deines näheren Umfelds, meinetwegen aus dem Kollegenkreis oder deinem Verein etc., die deiner Beobachtung und Einschätzung nach ein Selbstbewusstsein ausstrahlen, wie du es gern hättest. Sprich sie auf das an, was dich an ihnen am meisten beeindruckt. Wenn du zum Beispiel in einer unbefriedigenden Partnerschaft lebst, dann geh nicht mit deinen Freundinnen oder Freunden aus, denen es so geht wie dir, sondern nimm Kontakt mit Menschen auf, von denen du glaubst, dass sie in einer gelingenden Partnerschaft leben, und begib dich in deren positive Energie. Such dir Menschen, die all das verkörpern, was du gern hättest.

Du kannst dir auch eine Persönlichkeit des öffentlichen Lebens wählen, die deine Kriterien von Selbstbewusstsein optimal erfüllt. Beschäftige dich mit dieser Person! Lies, was sie geschrieben und was sie gesagt hat. Schau dir Filme an, und präge dir ein, wie sie lebt. Lies, was andere über sie geschrieben und gesagt haben. Studiere deine Wunschpersönlichkeit gründlich, und versuche zu verstehen, wie sie denkt. Mach dir bewusst, wie sie spricht, wie sie fühlt, wie sie handelt und wie sie ihren Alltag gestaltet, wie sie lebt. Es geht nicht darum, dich mit dieser Person zu vergleichen, also dir zu sagen, er kann dies und das, ich aber kann das nicht. Es geht nur darum, dass du die Person verstehst. Wenn dir dies gelingt, wirst du feststellen, wie sich auch deine Energie und damit dein Selbstbewusstsein verändern.

Formuliere deine Wünsche an dich positiv, nicht negativ! So, wie du gern sein würdest!

Die beste Übungsvariante ist es, dir Menschen zu suchen, die selbstbewusst sind. Umgib dich mit ihnen. Gib dich in ihre Energie und versuche, daraus für dich zu lernen.

Ganz wichtig dabei ist, keine Angst vor einem Mangel zu haben. Schäme dich nicht für eventuelle Mängel, sondern nimm sie an und nutze sie für dich, um zu mehr Selbstbewusstsein zu kommen. Wenn du zum Beispiel Schwierigkeiten hast, Menschen anzusprechen, dann sag das einfach: »Ich fühle mich oft unsicher, wenn ich fremde Menschen ansprechen und sie nach dem Weg fragen muss. Könnten Sie mir vielleicht sagen, wie ich zum Bahnhof komme?« Versuche also auf keinen Fall, deine Unsicherheit zu kaschieren, sondern sprich sie an, sag einfach: »Ich würde gern mit dir ins Gespräch kommen, aber ich bin so unsicher.« Geh über diese Grenze hinweg, erweitere immer mehr die Enge deiner Unsicherheit und überwinde dich. Und du wirst dabei feststellen, wenn du diese Komfortzone mehr und mehr verlässt und du immer offener dabei wirst, wie sehr sich das auf dein Selbstbewusstsein auswirkt.

Wie ich gern sein möchte

- Ich fühle mich wohl, so wie ich bin.
- Ich freue mich, wenn mich fremde Menschen ansehen.
- Ich spreche gern vor fremden Menschen.
- Mir macht es Spaß, im Mittelpunkt zu stehen.
- Ich kann ruhig und sicher mit anderen Menschen in Kontakt treten.
- Ich bin zufrieden und glücklich.
- Ich habe keine Angst.

Wichtig ist dabei, dass du nicht schreibst: »Ich möchte keine Angst mehr haben«, sondern: »Ich habe keine Angst!« Oder: »Ich möchte vor Menschen reden können, ohne zu zittern«, sondern: »Ich kann vor Menschen reden, ohne zu zittern.« Es sollen also keine Wünsche sein, sondern Aussagen.

Neben der CD mit den von mir formulierten Affirmationen und Suggestionen kannst du auch eigene Suggestionen formulieren, sie mit dem Smartphone oder dem PC aufnehmen und sie im Schlaf anhören, so wie du dir die CD »Werde selbstbewusst im Schlaf« anhörst. Denk daran, auch deine eigenen Suggestionen und Affirmationen mindestens 30 Nächte lang anzuhören. Und ganz besonders wichtig ist, dass du sie im Schlaf anhörst, weil im Wachzustand bzw. im bewussten Zustand sehr schnell dein innerer Kritiker die Suggestionen blockiert und kommentiert, zum Beispiel: »Du bist doch gar nicht glücklich!« Im Schlaf jedoch ist der innere Kritiker ausgeschaltet und kann deine Suggestionen nicht kommentieren oder blockieren und deinen Prozess hin zu mehr Selbstbewusstsein hemmen.

Übung 3

Denk bitte einmal darüber nach, welche negativen Glaubenssätze du zum Thema *Selbstbewusstsein* hast. Versuche einmal, sie dir bewusst zu machen. Oft haben wir Glaubenssätze, wie: »Andere können das, ich jedoch nicht!« – »Ich bin nicht selbstbewusst! Gott hat es nicht gut mit mir gemeint!« – »Alle haben Talente, nur ich nicht!« Es gibt ganz viele klare, aber auch subtile Glaubenssätze. Schau heute einmal ganz bewusst hin. Allein das kann dir schon helfen, viele Glaubenssätze zu entlarven und dabei festzustellen, dass sie im Grund nicht wahr sind. Das Bewusstmachen hilft, ihnen die Kraft zu nehmen und die neuen Glaubenssätze, die du in der Nacht durch meine CD bekommst, besser zu verankern. Mach die Übung, und nimm dir mindestens 30 Minuten dafür Zeit.

Exkurs *Fähigkeiten und Fertigkeiten*

Wenn ich in diesem Buch immer wieder von den Fähigkeiten und Fertigkeiten spreche, dann sind damit deine ganz speziellen Begabungen und dein Talent gemeint. Fähigkeiten und Talente sind das, was uns angeboren ist, was wir mitbringen, es ist das, was uns leichtfällt und wodurch wir uns von anderen unterscheiden. Fähigkeiten sind also die Grundlagen, die gefördert werden sollten.

Fertigkeiten dagegen sind das, was wir uns angeeignet haben, was wir gelernt haben. Voraussetzung für Fertigkeiten sind also Fähigkeiten. Wer zum Beispiel musikalisch ist und gern singt oder ein Instrument spielt, dem fällt es auch leichter, diese Fähigkeiten zu nutzen, zu üben und zu kultivieren und das betreffende Instrument besser zu lernen. Fertigkeiten sind zum Beispiel Lesen, Schreiben, Rechnen, Sprechen, Speerwerfen, Werfen und Ähnliches.

Fähigkeiten sind Talente, auf denen du aufbauen kannst, die du erweitern und pflegen solltest.

Daher ist es ganz wichtig, deinen Fähigkeiten nachzuspüren und sie zu pflegen, zu üben und zu lernen, damit aus den Fähigkeiten echte Fertigkeiten werden. Denn Fertigkeiten können wir lernen. Trau also deinen geheimen Wünschen und Träumen, denn sie weisen auf deine wirklichen Fähigkeiten hin. Wenn du dir deine Fähigkeiten und Fertigkeiten bewusst machst und an sie glaubst, dann stärkt das dein Selbstbewusstsein ungemein. Deswegen rate ich dir, deine Fähigkeiten und Fertigkeiten in das von mir vorgeschlagene *Erfolgstagebuch* (→ Seite 42 ff.) zu schreiben und immer wieder zu notieren, wie sich deine Fertigkeiten im Laufe der Zeit verändert haben.

Lektion 3: Motivation

Nimm dir heute einmal Zeit und frag dich, warum du mehr Selbstbewusstsein haben möchtest. Was erwartest du dir davon? Was glaubst du, kannst du mit einem größeren Selbstbewusstsein erreichen, wie könnte es dir helfen? Stell dir diese Fragen ganz ehrlich! Wahrscheinlich wirst du dabei feststellen, dass der Hauptgrund, warum wir gern selbstbewusster wären, ein Mangel an Selbstliebe ist. Wir erhoffen uns, dass wir durch ein neues Selbstbewusstsein mehr Aufmerksamkeit, mehr Lob, mehr Anerkennung, mehr Zuwendung etc. bekommen. Einen Mangel an Selbstliebe kann allerdings auch ein gesundes Selbstbewusstsein nicht wettmachen. In meinem Buch *Enjoy this Life®* und beim Onlinekurs *Enjoy this Life®* gehe ich deswegen ganz speziell auf dieses Thema ein. Auch auf meiner CD gibt es Affirmationen, die deine Selbstliebe fördern und unterstützen. Und es gibt ein paar ganz einfache Übungen, die dir sehr gut helfen, die Selbstliebe zu fördern.

Wer sich seine Fähigkeiten immer wieder bewusst macht, fördert sein Selbstbewusstsein.

Exkurs *Motivation*

Aufgaben, die uns Spaß machen, fallen uns normalerweise leicht, sie gehen uns »mit links« von der Hand. Wir konzentrieren uns ganz auf diese Aufgabe, diese Tätigkeit, und vergessen alles um uns herum. Manche ignorieren sogar, dass sie hungrig sind, sie hören und sehen nur noch vage, was um sie herum geschieht, sie haben das Gefühl für Raum und Zeit verloren und fühlen sich getragen von ihrer Aufgabe. Sie gehen voll und ganz in ihrer Tätigkeit auf. Und weil ihnen dann auch das, was sie machen, gelingt, sind sie mit sich und ihrer Leistung zufrieden. Für solche Aufgaben und Tätigkeiten brauchen wir auch keinen Anstoß von außen, von anderen Menschen. Wir müssen nicht erst dazu aufgefordert und »hingetrieben« werden, weil wir bis in die Haarspitzen hinein motiviert sind. Und wir möchten diese Tätigkeiten auch so oft wie möglich wiederholen oder an ihnen weiterarbeiten.

Ganz anders ist es jedoch bei Aufgaben, die uns nicht gefallen, mit denen wir uns schwertun, zu denen wir gar keine Lust haben und zu denen wir uns häufig richtig zwingen müssen. Ich zähle diese Aufgaben zur Routine, Aufgaben, die uns oft unter- oder auch überfordern. Wir brauchen ungemein viel Energie, um überhaupt damit anzufangen.

Für viele sind zum Beispiel Fensterputzen oder die Steuererklärung solch ungeliebte Routinejobs. Haben wir uns dann endlich dazu aufgerafft und zum Beispiel die Steuererklärung in Angriff genommen, dann sind wir oft mit dem Ergebnis ganz und gar unzufrieden. Das ist auch irgendwie verständlich. Denn mit Widerwillen und innerer Ablehnung kann das, was wir da machen müssen, auch gar nicht gelingen. Diese Arbeiten und Aufgaben erscheinen uns oft wie Hindernisse, die sich haushoch vor uns auftürmen.

Diese Beispiele zeigen aber auch, dass wir uns selbst motivieren können. Dazu ist es notwendig, sich zunächst einmal zu entspannen. Du kannst meinetwegen einen kleinen Spaziergang machen oder auch dich kurz hinsetzen, dich auf deinen Atem konzentrieren, die Augen schließen und alles, was dir im Moment durch den Kopf geht, beiseite schieben, wie ich es weiter oben in einem anderen Zusammenhang schon beschrieben habe (→ Seite 29). Du kannst auch eine kleine Meditation machen. Es geht darum, den Kopf frei zu bekommen für deine eigentliche Aufgabe, in unserem Fall die Beschäftigung mit deinem Selbstbewusstsein.

Vielleicht empfindest du einige Übungen als unangenehm. Du würdest sie am liebsten gar nicht machen. Eine gute Methode, ungeliebte Aufgaben zu erledigen, ist es, sich zu überlegen, ob die verhasste Sache nicht auch etwas Positives, einen erfreulichen Nebeneffekt hat. Bei der Steuererklärung ist es vielleicht die Aussicht darauf, zu viel bezahlte Steuern zurückzubekommen und sich mit dem Geld einen Wunsch erfüllen zu können. Der Gedanke an die Belohnung, die mit der ungeliebten Aufgabe verbunden ist, kann uns enorm motivieren. Und darauf solltest du dich konzentrieren. Das kann dir den Motivationsschub geben, den du brauchst, um aus der Lethargie herauszukommen und das Problem in Angriff zu nehmen.

Der Schlüssel zum Erfolg liegt häufig darin, von den negativen Gedanken wegzukommen und eine positive Sicht auf die Dinge zu bekommen. Nur mit einer positiven Einstellung gelingt es dir, deine Träume zu verwirklichen. Du musst allerdings aus der Lethargie ausbrechen und den ersten Schritt machen. Dann geht der zweite Schritt wie von selbst. Denk immer wieder an das Ergebnis, fantasiere dich in Situationen hinein, in denen du selbstbewusst und selbstsicher auftrittst. Das kann dir einen riesigen Motivationsschub geben.

Ein weiterer sehr wichtiger Aspekt bei der Entwicklung deines Selbstbewusstseins ist die Frage, *warum* du eigentlich selbstbewusst sein möchtest. Es geht also um deine Motivation. Viele Menschen sagen ja oft leichthin: »Ich wäre gern selbstbewusst« oder: »Ich würde gern vor Menschen auftreten« oder: »Ich würde gern singen können« etc. Die Frage aber ist: *Warum* würdest du gern vor Menschen auftreten? *Warum* möchtest du gern singen können?
Nimm dir auch dazu ausreichend Zeit, am besten etwa 15 bis 30 Minuten, und schreib auf ein Blatt Papier, welche Erwartungen du hast. Was glaubst du, würde sich in deinem Leben verändern, wenn du selbstbewusster, wenn du selbstsicherer wärst? Wenn du ohne Probleme vor Menschen sprechen, eine Rede halten könntest?
Geh bei dieser Übung gründlich in dich. Schreib nicht schnell irgendetwas auf, wie zum Beispiel: »Ich würde dann von anderen bewundert«, sondern überleg dir genau, wie sich dein Leben verändern würde, wenn du selbstbewusster wärst. Schreib also auf das Blatt Papier oder in deinen PC, *warum* du selbstbewusster sein möchtest und welche Erwartungen du damit verbindest.

Nicht, weil es schwer ist, wagen wir es nicht. Es ist schwer, weil wir es nicht wagen. *Seneca*

Die Motivation hinter der Motivation

Meines Erachtens steckt hinter dem Wunsch nach einem größeren Selbstbewusstsein, nach mehr Selbstsicherheit nur ein einziges Motiv: Es ist der Wunsch, geliebt, anerkannt und respektiert zu werden. Liebe und Anerkennung ist also die eigentliche Motivation, die hinter dem Wunsch nach mehr Selbstbewusstsein steht. Und damit verbunden ist natürlich die Selbstliebe, die Selbstannahme. Wenn du dich selbst annehmen kannst, wenn du dich schätzt und dich so liebst, wie du bist, dann bist du auch selbstbewusst, dann kann dich nichts erschüttern. Die Motivation für mehr Selbstbewusstsein ist also, geliebt, anerkannt, gesehen und respektiert zu werden. Damit dies gelingt, ist es unabdingbar, dass du dich selbst liebst. Daher solltest du noch einmal in dich gehen und überlegen, ob das Thema *Selbstliebe* auf deinem Blatt überhaupt vorkommt. Hast du darüber nachgedacht? Oder hast du das Thema bisher ganz außer Acht gelassen?

Mach dir bewusst: Voraussetzung jeder positiven Veränderung ist es, sich selbst zu lieben.

Nimm daher wieder ein Blatt und schreib nieder, was deiner Meinung nach zur Selbstliebe und Anerkennung gehört, was Selbstliebe und Anerkennung ausmacht. Du wirst dabei feststellen, dass dadurch ein ganz neues Rollenporträt entsteht, das ganz individuell deine Erfolgspersönlichkeit ausmacht. Du wirst damit einzigartig und unverwechselbar!

Um dir diese Übung etwas zu erleichtern, ist es hilfreich, wenn du dir überlegst, welche Person in deinem Umfeld Selbstbewusstsein

ausstrahlt, so wie du es gern auch hättest. Es geht dabei nicht um Personen öffentlichen Lebens, nicht um Schauspieler oder Politiker, die du aus dem Fernsehen kennst, sondern ausschließlich um Menschen aus deinem persönlichen Umfeld. Nur sie zählen bei dieser Übung. Vielleicht sind sie ein Vorbild für dich, vielleicht haben sie Eigenschaften, die du auch gern hättest, oder sie haben bereits etwas erreicht, was auch du gern erreichen würdest, oder du bewunderst sie einfach, ohne sagen zu können, warum.
Oft sind es vielleicht sogar Menschen, die gar nichts mit dem zu tun haben, was du machst, die sich nicht in den Kreisen bewegen, in denen du normalerweise verkehrst. Wenn du dir diese Menschen als Beispiel notierst, dann stell dir im nächsten Schritt die Frage, warum sie dir eingefallen sind. Was ist es, was dich an ihnen so fasziniert, warum ziehen sie dich so an? Wenn du dir dazu Gedanken machst, kommst du leichter auf deine eigene Motivation, warum du gern mehr Selbstbewusstsein hättest.

Übung 4

Frag dich einmal, ob du deinen Körper pflegst! Gibst du gut acht auf ihn? Mach es heute einmal anders: Dusche ganz bewusst, seif dich liebevoll ein und creme dich danach sorgfältig ein. Versuche, dich einmal ganz bewusst und liebevoll zu pflegen. Mach dir Gedanken, wie du dir selbst liebevoller begegnen kannst, was du dir regelmäßig Gutes tun könntest. Nur wer sich selbst liebt und wertschätzt, kann Liebe und Wertschätzung von anderen verlangen. Beginne ab heute einen liebevolleren Umgang mit dir selbst.

Tipp: Sorge für ausreichend Bewegung, zum Beispiel: Mach jeden Tag einen Spaziergang oder nimm ganz bewusst die Treppe, statt den Aufzug oder die Rolltreppe.
Wie sieht deine Ernährung aus? Ist sie frisch, liebevoll und gesund? Nimmst du dir Zeit beim Essen, oder ist Essen für dich nur Nahrungsaufnahme und lästige Pflicht, um am Leben zu bleiben?
Hast du Freunde? Kümmerst du dich um soziale Kontakte? Nimmst du dir regelmäßig Zeit für dich selbst? Der liebevollste Tipp, den ich dir geben kann, lautet: Hör auf mit den Ausreden, such nach Möglichkeiten, dein Leben zu ändern, und nimm es selbst in die Hand!

Lektion 4: Körperhaltung

Diese Lektion finde ich persönlich ganz besonders wichtig, weil sie neben ihrer Wirksamkeit auch spannend ist. Ich habe als Jugendlicher vier Jahre lang eine Schauspielschule besucht und dort ganz verschiedene Rollen gespielt. Dabei ist mir aufgefallen, dass ängstliche Menschen, die voller Zweifel sind und ein geringes Selbstbewusstsein haben, oft eine geknickte, in sich gekehrte Körperhaltung haben. Auch bei meinen Klienten und Kursteilnehmern sehe ich bereits an ihrer Körperhaltung, in welch psychischer Verfassung sie

sind. Die Wissenschaft hat festgestellt, dass unsere Körperhaltung unsere Emotionen und unser gesamtes Wohlbefinden sehr stark beeinflusst. Deswegen bitte ich dich, deinen Körper zu beobachten und einmal gezielt auf deine Körperhaltung zu achten.
Versuche, deine Körperhaltung nicht zu verändern und einfach so zu bleiben, wie du bist. Dann schließ kurz die Augen und frag dich selbst, ob sich eine selbstbewusste Person so fühlt, ob du selbstbewusst und voller Liebe zu dir selbst bist. Jetzt spür einmal nach, wie du dich nach diesen Fragen fühlst. Bist du fit und voller Energie? Oder eher kraftlos und ausgelaugt?

Exkurs *Körperbewusstsein*

Selbstbewusstsein ist nicht nur etwas Mentales, also etwas, was sich nur in deinem Kopf abspielt, Selbstbewusstsein hat sehr viel mit dem Körper zu tun. Es spiegelt sich auch in der Körperhaltung wider. Das heißt nicht, dass ein Mensch, der selbstbewusst ist, nur mit hoch erhobenem Kopf, herausgedrückter Brust und pfauenartig aufgeplustert durch die Welt spaziert. Das ist noch kein Zeichen für ein starkes Selbstbewusstsein, denn eine solche Körperhaltung ist meistens nur antrainiert und wird ganz bewusst zur Schau getragen. Man kann an einer Körperhaltung bereits ablesen, ob es sich um einen Menschen handelt, der sich selbst liebt, schätzt und der weiß, was er kann, ob es ein Mensch ist, der

Sei aufmerksamer Beobachter deiner Körperhaltung! Was verrät sie über dein Selbstbewusstsein?

der Schöpfer seines Lebens ist, wie wir uns einen selbstbewussten, glücklichen Menschen vorstellen, oder ob es ein Mensch ist, der leicht aus dem Konzept zu bringen ist, der Unsicherheit ausstrahlt und sich minderwertig fühlt. Über unseren Körper können wir nämlich auch unsere Gefühle beeinflussen. Dies ist ein wichtiger, ja zentraler Aspekt der Arbeit an unserem Selbstbewusstsein. Wir können unsere Körperhaltung dazu nutzen, uns besser zu fühlen.

Gefühle und Körperhaltung

Stell dir vor, du wärst Schauspieler und müsstest einen ängstlichen, traurigen, verunsicherten Menschen mit geringem Selbstbewusstsein darstellen. Du würdest wahrscheinlich den Kopf und die Schultern hängen lassen, würdest dich klein und beim Gehen kurze Schritte machen, würdest dich langsam, ja träge bewegen. Du kannst das gern einmal ausprobieren: Setz dich auf einen Stuhl, lass dich fallen, lass Arme und Beine hängen und versuche, deine ganze Anspannung aus dem Körper herauszunehmen. Achte nun auf deine Gefühle! Was macht diese Körperhaltung mit dir? Was spürst du dabei? Merkst du, wie dich allein die Körperhaltung hinunterzieht?

Gesundes Selbstbewusstsein zeigt sich auch in unserer Gestik, der Mimik und in unseren Bewegungen.

Wenn jemand dagegen selbstbewusst ist, beansprucht er auch mehr Platz, braucht mehr Raum, seine Bewegungen sind ausladend, nicht minimalistisch. Du erkennst einen selbstbewussten Menschen auch an seiner Gestik, seiner Mimik, an seiner ganzen Körperlichkeit.

Als ich noch Schauspieler war und unsichere, ängstliche, traurige Menschen spielen musste, ging es mir sogar nach dem Spielen am Abend oft schlecht. Ich habe vieles irgendwie negativ gesehen, war pessimistisch, melancholisch, konnte mich nicht motivieren und hatte zu nichts Lust. Ich habe also die Gefühle, die diese Körperhaltung beim Spielen in mir ausgelöst haben, über die Darstellung hinaus in meinen Alltag hineingetragen. Diesen Zusammenhang können wir uns für ein gesundes Selbstbewusstsein zunutze machen. Wenn es mir zum Beispiel heute nicht so gut geht, wenn ich mich nicht gut fühle, dann stelle ich mich ans Fenster, öffne es, hebe den Kopf und schau geradeaus, atme intensiv, breite meine Arme aus, mache mich groß und öffne mich gewissermaßen. In dieser Körperhaltung spüre ich sofort, wie meine Energie zurückkommt. Wenn ich am Fenster stehe und das ganze Universum sozusagen in mich aufnehme, fühle ich mich sofort wesentlich kräftiger. Wenn du dich richtig groß machst, wenn du deine Arme ausbreitest, kannst du zum Beispiel nicht sagen: »Ich bin ängstlich. Mir geht es gar nicht gut. Ich bin traurig.« Das geht mit dieser Körperhaltung nicht. Um dir dies zu verdeutlichen, möchte ich dir noch die nachfolgende Übung vorschlagen.

Übung 5

Denk einmal kurz nach und versuche dir eine Situation in Erinnerung zu rufen, in der es dir wirklich sehr schlecht ging, die dir nicht gutgetan hat, die dich aus dem Gleichgewicht geworfen hat. Vielleicht war es der Tod eines lieben Menschen, ein Unfall, ein Missgeschick oder eine blamable Situation, die dich sehr verunsichert hat, etwas, was du auf keinen Fall noch einmal erleben möchtest. Schließ nun die Augen und stell dir vor deinem inneren Auge die Situation vor:

- Wo und was ist passiert?
- Wie ist es abgelaufen?
- Wer war dabei?
- Wer hat etwas gesagt und wie hat er es gesagt?
- Vielleicht warst du ja allein?
- Was war es für ein Tag?
- Welches Wetter hat an diesem Tag geherrscht?
- Wie hast du alles erlebt?

Versuche noch einmal, ganz in dieses negative, vielleicht sogar destruktive Erlebnis, in diese Situation einzutauchen, ihr nachzuspüren und die Gefühle, die du dabei hattest, in dir aufsteigen zu lassen.
Dann öffne die Augen und mach dir bewusst, welche Körperhaltung du dabei eingenommen hast oder besser: wie diese Situation und

die damit verbundenen Gefühle deine Körperhaltung beeinflusst haben. Es ist ganz wichtig, dass du deine Gefühle noch einmal ganz real erlebst. Dann wirst du feststellen, dass sich diese Gefühle auch in deiner Körperhaltung ausgedrückt haben: Du hast den Kopf hängen lassen, hast dich klein gemacht, als sollte man dich gar nicht sehen, als dürfte man dich nicht wahrnehmen.

Führe die hier beschriebenen Übungen wirklich aus, auch wenn es dir schwerfallen sollte.

Und nun machen wir den zweiten Teil dieser Übung: Stell dich aufrecht hin, halte den Kopf gerade, mach dich groß, schau geradeaus, dann richtest du deine Augen zur Decke, ohne dabei den Kopf zu bewegen, sodass also das Kinn gerade bleibt. Führe diese Übung wirklich aus, lies sie nicht nur! Lies erst weiter, nachdem du die Übung gemacht hast.

Nun geh noch einmal in die Situation hinein, die dich traurig oder wütend oder niedergeschlagen gemacht hat. Ganz wichtig ist dabei, dass dein Kinn gerade bleibt und deine Augen zur Decke gerichtet sind. Nimm dir dazu ein paar Minuten Zeit. Du wirst feststellen, dass du in dieser Haltung mit gerade gehaltenem Kopf und nach oben gerichteten Augen keine negativen Gefühle spüren konntest. Zwar waren die Bilder da, und du konntest dich gut an die Situation erinnern, aber es war dir nicht möglich, die negativen Gefühle von damals noch einmal in dir aufsteigen zu lassen. Und dies ist für unser Experiment von entscheidender Bedeutung: Um destruktive Gefühle erleben zu können, müssen wir uns auch körperlich klein machen, müssen wir den Kopf hängen lassen, die Augen nach unten richten, als würde uns unser Körper mit allen Gefühlen nach unten zu ziehen.

Dieser Zusammenhang ist für die Entwicklung eines gesunden Selbstbewusstseins, für Sicherheit und selbstsicheres Auftreten äußerst wichtig. Wenn wir also den Kopf heben, die Augen geradeaus richten, wenn wir uns groß und breit machen, die Brust herausstrecken – im Volksmund heißt es nicht umsonst »mit stolzgeschwellter Brust« –, dann bekommen wir auch mehr Energie, die Aura dehnt sich aus, und damit wirkt man viel selbstbewusster und man fühlt sich mit der Zeit auch viel selbstbewusster. Es geht einem jedenfalls sofort wesentlich besser.

Stell dich, sooft es geht, aufrecht hin und fühle dabei nach, was dies mit dir macht.

Für die Übung reichen fünf bis zehn Minuten. Wenn du magst, darfst du auch dabei lächeln. Im Normalfall reichen diese paar Minuten aus, um einen enormen Unterschied festzustellen. Beginne in Zukunft, sooft es geht, dich aufzurichten und zum Horizont zu schauen. Du wirst feststellen, dass du dich sehr schnell selbstbewusster und sogar glücklicher fühlst. Allein durch diese einfache Übung, nur aufrecht zu gehen, berichten viele Menschen von einer massiven Stimmungsaufhellung, vor allem, wenn sie vorher zu Depressionen neigten oder depressiv verstimmt waren.

Wie die Körperhaltung uns beeinflusst

Menschen, denen es schlecht geht, die sich schlecht fühlen, haben meistens auch eine viel zu lasche, schlechte Körperhaltung, ohne jegliche Körperspannung. Ihr Blick ist nicht gerade und auch nicht nach oben gerichtet. Beobachte doch einmal Menschen auf der

Straße, wie sie sich bewegen. Viele rennen mit dem Blick auf ihr Smartphone gerichtet, den Kopf nach unten gesenkt durch die Gegend. Und allein dies macht sie bereits kleiner, sie wirken unsicher, als müssten sie sich an etwas festhalten.

Deswegen versuche dich im Alltag, so oft es dir möglich ist, groß zu machen! Weite deine Brust! Schau nach oben! Halte den Kopf gerade! Atme tief, als wolltest du das ganze Universum in dich aufnehmen, und versuche dabei, diese Haltung zu genießen. Eine selbstbewusste, selbstsichere Persönlichkeit ist von innen her geöffnet. Das heißt nicht, dass du dich wie ein Bodybuilder bewegen sollst, sondern dass du dich so oft wie möglich aufmachst, dass du auf deine Gestik achtest und mit Armen und Händen nicht nur kleine Bewegung machst, die ein Außenstehender vielleicht gar nicht bemerkt, sondern dass du dich ganz bewusst groß machst und dich aufrecht hinstellst.

Wenn dir das schwerfällt, dann hängt das damit zusammen, dass diese Körperhaltung nicht zu deiner Routine gehört, weil du dich so gut wie nie so bewegst, weil deine Augen nie nach oben gerichtet sind, weil du dies einfach nicht gewohnt bis. Damit dies aber zur Routine wird, musst du diese Körperhaltung immer wieder üben, und zwar so lange, bis es dir ohne zu überlegen gelingt. Dann wirst du feststellen, wie sich dein Selbstbewusstsein nahezu automatisch verändert, wie es größer wird.

Übung 6

In dieser Übung geht es darum, alte Routinen zu erkennen und an ihrer Stelle neue Verhaltens- und Denkgewohnheiten zu installieren. Dabei ist es nicht wichtig, alte Routinen mit hohem Aufwand an Energie aufzulösen, sondern einfach neue Verhaltensweisen einzuüben. Nimm dazu wieder ein Blatt Papier und notiere dir eine neue Morgen- und eine neue Abendroutine. Was ist damit gemeint? Ein Beispiel: Du stehst vielleicht jeden Tag um 7:00 Uhr auf, machst im Bad deine Morgentoilette mit Duschen, Schminken etc., trinkst danach Kaffee, nimmst das Frühstück ein und fährst anschließend zur Arbeit.

Nun versuche einmal, diese Morgenroutine zu durchbrechen. Steh zum Beispiel eine halbe Stunde früher auf und nutze diese Zeit für eine Meditation. Verändere die Abfolge dessen, was du bisher täglich gemacht hast. Und halte dich mindestens ein halbes Jahr an diese neue Morgenroutine, damit es tatsächlich auch zu einer Änderung deines normalen Tagesablaufs kommt. Nur wenn es dir gelingt, die neuen Routinen in deinen Alltag zu integrieren, verändert sich auch dein Selbstbewusstsein. Das Gleiche machst du auch mit deiner Abendroutine. Es geht um das positive Umerleben (→ Seite 38 ff.).

Übung 7

Ich schlage dir eine weitere, sehr wichtige Übung vor, eine Übung, die ich selbst seit einiger Zeit mache und die mir sehr gut gefällt. Mit dieser Übung kannst du deine Selbstheilungskräfte aktivieren, du bekommst mit der Zeit eine schönere, feine Haut, und bei manchen hilft sie sogar gegen Cellulite. Ein weiterer Effekt, der sich einstellt, nachdem du diese Übung durchgeführt hast, ist ein unglaubliches Erfolgserlebnis. Diese Übung kann jeder von uns machen. Ich habe sie aus der Not heraus entwickelt. Und das kam so: Ich war mit meinem besten Freund in Frankreich und wollte mit ihm *back to the roots* gehen. Wir wollten einmal einige Tage ohne Handy, ohne Computer leben und sind dazu in ein Kloster gegangen. Der erste Tag war wunderbar. Am zweiten Tag wollte ich am Morgen duschen. Wir hatten eine Dusche, die zwar sehr bescheiden war, aber wir hatten immerhin eine Dusche. Ich ging also unter die Dusche und wollte den Warmwasserhahn aufdrehen und musste dabei feststellen, dass es kein warmes Wasser gab. Ich habe mich dann mit kaltem Wasser kurz geduscht, war aber ziemlich sauer, weil es kein warmes Wasser gab. Als ich meinem Freund vorgejammert habe, erwiderte er, dass wir doch *back to the roots* gehen wollten. Und da sei es doch ganz normal, nicht ständig warmes Wasser zu haben. Ich musste ihm zwar zustimmen, war aber dennoch den ganzen Tag irgendwie schlecht drauf, und das nur wegen

Es lohnt sich, Routinen, die sich in den Tagesablauf eingeschlichen haben, zu durchbrechen.

der kalten Dusche. Ich habe mich davon richtig nach unten ziehen lassen. Erst im Laufe der folgenden Tage habe ich dann gemerkt, welche Vorteile kaltes Duschen hat, und ich habe daraus die nachfolgende Übung entwickelt.
Am Anfang ist kaltes Duschen, wie ich zugebe, wirklich eine riesige Überwindung. Deswegen habe ich damals im Kloster auch gar nicht lange geduscht. Aber mit der Zeit wurde es immer besser. Auch heute stellt kaltes Duschen für mich noch immer eine große Überwindung dar. Im Sommer fällt es relativ leicht, aber im Winter muss ich mich jedes Mal dazu überwinden.
Ich stellte aber sehr schnell fest, wie gesund kaltes Duschen ist, dass es die Haut glatter macht, dass die Durchblutung besser wird und dass ich hinterher im Kopf viel klarer bin. Vom oben erwähnten Erfolgserlebnis ganz zu schweigen. Einige Zeit später bin ich durch Zufall auf einen Artikel gestoßen, in dem es darum ging, dass Menschen, die kalt duschen, auch insgesamt im Leben erfolgreicher sind, wie Forscher herausgefunden haben. Kalt duschen ist zwar eine Herausforderung, man muss über seinen Schatten springen und muss sich dazu zwingen, aber hinterher verleiht es einem ein wunderbares Gefühl. Menschen, die kalt duschen, geben übrigens nicht so schnell auf, sie haben mehr Durchhaltevermögen als die sogenannten »Warmduscher«. Und für Erfolg ist Durchhaltevermögen eine der wichtigsten Voraussetzungen. Dies zeigt sich auch im Körpergefühl. Kaltes Duschen führt zu einem besseren Körperbewusstsein. Und noch einen weiteren Nebeneffekt hat kaltes Duschen: Man verliert sogar Körpergewicht damit.

In der *Enjoy this Life®*-Community gibt es mittlerweile viele Menschen, die täglich kalt duschen. Es ist äußerst spannend, was sich dadurch verändert. So berichten einige von einer besseren Haut, weniger Pickeln, weniger Falten, bei manchen verschwand die Cellulite, und allgemein wurde die Haut straffer. Kaltes Duschen ist deswegen sinnvoll, weil das kalte Wasser die Durchblutung anregt, weil die Haut dadurch besser mit frischem Blut versorgt wird und weil damit Giftstoffe abtransportiert werden. Ganz allgmein fühlten sich alle wacher, fitter und mit der Zeit im Kopf klarer.

Kalt duschen kannst du jeden Tag. Es verlangt nur etwas Überwindung und Selbstdisziplin.

Diese Übung ist mein absoluter Favorit. Je besser der Körper durchblutet wird, um so besser kommt die Selbstheilung in Fluss. Nicht nur der Blutfluss wird angeregt, sondern auch die Lymphflüssigkeit, und dadurch wird das Immunsystem aktiviert. Ich habe gelesen, dass viele erfolgreiche Menschen täglich kalt duschen und dass Menschen, die dies machen, wesentlich positiver und aktiver im Leben sind. Sie starten nämlich jedes Mal mit einem Erfolgserlebnis in den Tag, und dies wiederum stärkt ihr Selbstvertrauen. Das Unterbewusstsein unterscheidet nicht zwischen kleinen und großen Dingen. Mit dieser täglichen Überwindung sagen wir im Grunde zu unserem Unterbewusstsein: »Du hast es geschafft, etwas Unangenehmes auf den ersten Blick erfolgreich zu beenden.« Das speichert unser Gehirn in unserem Unterbewusstsein, und wir fühlen uns immer besser und erfolgreicher und werden überdies auch noch gesünder. Eine simple Übung mit enormer Kraft und Wirkung. Ich empfehle sie daher von ganzem Herzen.

Lektion 5: Die Komfortzone verlassen

Auch diese Übung ist enorm effektiv für dein neues, gesundes Selbstbewusstsein, doch es ist sicher auch die schwierigste Übung. Mach dir immer wieder bewusst, dass es sich nur um einen Glaubenssatz handelt und dass du noch nicht so weit bist. Lass dich auf neue Dinge ein, verlass sooft es geht deine Komfortzone. Du wirst merken, dass dir dies ernorm hilft, selbstbewusster zu werden. Oft stecken wir in alten Mustern und Routinen fest und können dadurch nicht selbstbewusster auftreten, weil wir alles immer genauso machen, wie wir es schon immer gemacht haben. *Der Mensch ist ein Gewohnheitstier!* Diesen Spruch bzw. Glaubenssatz kennst du sicher. Doch brich aus dieser Routine aus! Man hat herausgefunden, dass Menschen, die spontan sind und öfter auch nur Kleinigkeiten verändern, viel flexibler und selbstbewusster werden. Sie kreieren sogar öfter Möglichkeiten, um dem »Schicksal« auf die Beine zu helfen. Und sie belohnen sich damit selbst.

Es ist nicht schlimm, eine Übung auszulassen. Dann führst du sie eben am nächsten Tag durch.

Diese Übung ist wichtig, und du wirst feststellen, dass es wie beim Kaltduschen ist: Jedes Mal, wenn du deine Komfortzone verlassen hast, bist du hinterher auch stolz auf dich. Auf sich selbst stolz zu sein, ist sowohl bewusst wie unbewusst eine Belohnung, die positive Verknüpfungen im Unterbewusstsein auslöst. Unser Ziel ist es,

das Unterbewusstsein zu unserem Freund zu machen und es nicht zu einem *negativen Jammerlappen* verkümmern zu lassen, der dich klein macht und dir ständig einredet, dass du nicht gut bist und dass du dieses oder jenes nicht kannst.
Die folgenden Tipps und Übungen lassen sich sofort und ganz einfach umsetzen. Allerdings verlangen einige davon ein bisschen Mut. Doch ich glaube an dich. Falls du einige Übungen heute noch nicht durchführen kannst, dann warte ein paar Tage und hör weiterhin die CD an. Nach einigen Tagen wird dir die Übung dann leichter fallen, weil das Anhören der CD bereits Wirkung zeigt. Doch du wirst dich dennoch immer ein bisschen überwinden müssen. Denk daran, dass dies jedem Mensch so geht. Das hat nichts mit deinem Selbstbewusstsein zu tun. Das ist lediglich so ein Glaubenssatz, der da bei dir abläuft, wie weiter oben bereits beschrieben (→ Seite 45 ff.). Beginne zunächst, kleine Routinen zu verändern. Kleine Schritte sind immer Schritte in die richtige Richtung und tausendmal besser als nichts zu tun und bei seinen Ausreden stehen zu bleiben.

Übung 8

1 Die erste Übung ist leicht und einfach umzusetzen. Dennoch hat sie eine große Wirkung. Beginne ab heute zum Beispiel, einen anderen Arbeitsweg zu nehmen als sonst, probier jeden Tag einen anderen Weg. Je nachdem einmal zu Fuß, ein ande-

res Mal mit dem Fahrrad, dann mit öffentlichen Verkehrsmitteln oder mit dem Auto, einfach mal anders als sonst. Es reicht, wenn du jeden Tag ein wenig von deinem normalen Weg abweichst, wenn du einen längeren Weg zur Arbeit hast, dann probier einfach eine andere Strecke aus. Sei kreativ! Verändern kannst du natürlich nicht nur deinen Arbeitsweg, sondern alle Wege, die du zurücklegst. Ich persönlich mache dies auch. Auf diese Weise fällt man weniger in Routinen, und man ist wacher und offener für neue, positive Situationen.

2 Die folgende Übung geht in die ähnliche Richtung: Nimm zu Hause nicht immer den gleichen Sitzplatz beim Essen ein, oder setz dich nicht immer auf den gleichen Platz auf dem Sofa. Durchbrich diese Routinen täglich mehrmals! Du wirst sehen: Es macht Spaß. Falls du in einer Partnerschaft lebst oder Mitbewohner hast, ist es für sie manchmal nervig, weil auch sie dann ihre Routinen durchbrechen müssen. Du wirst feststellen, wie sehr Menschen an Kleinigkeiten hängen.

Ich kann mich gut an eine Situation bei einem Seminar in Bern erinnern. In diesem Seminar ging es ums Auralesen. Es waren einige Teilnehmer dabei, die auch in der *Enjoy this Life-Community* sind und somit gelernt haben, Routinen zu durchbrechen und nach jeder Pause an einem anderen Platz zu sitzen. Es ist kaum zu glauben, wie vehement einige Seminarteilnehmer ihre Plätze verteidigt haben. In einer Pause hatte ich sogar die Befürchtung, es könnte zu Handgreiflichkeiten kommen, und ich musste schlichtend eingreifen: »Dieser Stuhl, um den ihr gerade streitet, gehört niemandem von euch. Er gehört dem Veranstalter. Hört bitte auf, euch wie Kinder zu benehmen, seid flexibel und setzt euch bitte!« Danach war es totenstill. Doch das Beispiel zeigt, wie sehr wir in Gewohnheiten verharren und wie unflexibel wir letztendlich sind. Im Alltag Kleinigkeiten zu verändern, hilft, tief sitzende Muster in deinem Unterbewusstsein neu zu überschreiben und mit positiven Erfahrungen zu füllen, zu überschreiben.

Routinen zu durchbrechen fängt bei Kleinigkeiten an. Wichtig ist lediglich, damit zu beginnen.

3 Iss jeden Tag oder wenigstens einmal in der Woche etwas Neues, probier ein neues Gericht aus, das du noch nie gegessen hast. Ich kenne es auch von mir: Da ich oft auf Tournee bin und ständig gezwungen bin, in Restaurants zu essen, beklagte ich mich einmal bei meiner Mutter und sagte: »Das Schlimmste für mich auf Tournee ist das Essen. Ständig gibt es das Gleiche!« Meine Mutter schaute mich an und fragte: »Aber du isst doch oft im Restaurant, da kannst du doch ganz leicht abwechseln!« Erst da wurde mir bewusst, dass ich dies hätte machen können, aber ich tat es nicht, weil ich in meinen Gewohnheiten festsaß und immer nur das aß, was ich kannte. Und wenn ich öfter im gleichen Restaurant war, dann wusste ich, was dort gut ist. So aß ich oft nur eine Pizza Margherita. Heute ist mein Essen wesentlich abwechslungsreicher, weil ich mich einfach immer wieder auf neue unbekannte Gerichte einlasse.

Vielleicht fragst du dich, was Essen mit deinem Selbstbewusstsein zu tun hat. Für dein Unterbewusstsein hast du dich auf etwas Neues eingelassen und dies erfolgreich bestanden. Für dein Unterbewusstsein gibt es keine kleinen oder großen Dinge. Es sind jeweils einfach nur Herausforderungen, und diese werden entweder positiv oder negativ abgespeichert. Ich hoffe, du verstehst, wie es funktioniert, und erkennst, wie leicht es im Grunde ist, mit einfachen, neuen Handlungen dein Unterbewusstsein auf Kurs zu bringen.

Übung 9

Nun kommen wir zu einer etwas schwierigeren Übung. Vielleicht machst du sie noch nicht sofort, sondern erst nach einigen Tagen, wenn du die anderen Übungen schon durchgeführt und diese in deinen Alltag integriert hast.

Fremde Menschen nach dem Weg zu fragen, stellt für viele Menschen bereits eine Herausforderung dar.

Wenn du zum Beispiel unsicher bist, wenn du Schwierigkeiten hast, andere Menschen anzusprechen, auf sie zuzugehen, dich frei und ungezwungen unter Menschen zu bewegen, dann ist es an der Zeit, dies zu verändern und diese Komfortzone, wie ich es nenne, zu verlassen.

Überleg einmal, wie es ist, wenn Kinder das Gehen lernen: Sie stellen sich unsicher hin, halten sich zunächst an einem Tisch oder Stuhl fest und hangeln sich an einem Regal entlang. Dann machen sie erste Schritte, fallen hin, stehen wieder auf und beginnen von vorn. Sie geben jedenfalls nicht auf, bis sie schließlich eines Tages, zwar unsicher, aber immerhin ohne Hilfe, gehen können. Und sie gewinnen Tag für Tag mehr Sicherheit. Und schon nach kurzer Zeit können sie laufen und bewegen sich so, als könnten sie schon immer gehen. Die wichtigste Eigenschaft dabei ist, dass sie nie aufgeben, dass sie es immer wieder probieren. Kein Rückschlag kann sie davon abbringen, gehen zu lernen. Wenn wir diese Eigenschaft auf unser Thema übertragen, dann heißt das, dass wir Selbstbewusstsein nicht vererbt bekommen, dass wir damit nicht auf die Welt kommen, sondern dass wir in bestimmten Dingen selbstbewusster werden, wenn wir bereit sind zu lernen, wenn wir eingefahrene Spuren verlassen, wenn wir nicht aufgeben und wir dabei positive Erfahrungen machen.

Wir beginnen mit dieser relativ einfachen Übung, fremde Menschen anzusprechen:
Frag einmal fremde Leute nach dem Weg. Selbst nach dem Weg zu fragen, ist für viele Menschen bereits eine riesige Herausforderung. Doch probier es einfach einmal aus. Du kannst zum Beispiel auch einen fremden Menschen in ein kurzes, unwichtiges Gespräch verwickeln. Es geht lediglich darum, dass du es tust und feststellst, dass es immer einfacher wird, je öfter du es machst. Du wirst auch feststellen, wenn du etwa zehn Menschen nach dem Weg fragst, dass dir sieben helfen und drei einfach weitergehen, ohne dich zu beachten. Nun ist es ganz wichtig, dass du die Ablehnung, diese *Missachtung* dieser drei Leute, die dir nicht helfen, nicht persönlich nimmst. Die-

ses Ignorieren hat nichts mit dir zu tun. Mach kein Drama daraus. Schließlich wolltest du den Menschen nicht heiraten, du wolltest ihn nicht als Freund gewinnen, ihn auch nicht zu irgendeiner Sache überreden, du hast nur nach dem Weg gefragt, weiter nichts. Daher wäre es völlig deplatziert, daraus alle möglichen Dinge abzuleiten bzw. in sie hineinzuinterpretieren.

Das ist ein großer Fehler, den Menschen mit einem schwachen Selbstbewusstsein oft machen. Sie suchen die Schuld für die Ablehnung bei sich, statt bei den anderen. Vielleicht hat diese Person einfach einen schlechten Tag oder schlichtweg keine Zeit oder keine Lust, oder sie hat dich nicht richtig verstanden. Es hat zu 100 Prozent nichts mit dir zu tun. Also konzentriere dich lieber auf die sieben Menschen, die dir helfen.

Je mehr Menschen du ansprichst, umso leichter wird es dir zukünftig fallen, mit Menschen spontan in ein Gespräch zu kommen. Es zeigt dir auch, dass du nicht allein auf der Welt bist, und es ist eine tolle Übung fürs Selbstbewusstsein obendrein.

2 Wir wollen diese Übung zur Selbstüberwindung nun etwas erweitern: Überleg dir Situationen, die dir peinlich sind. Schreib sie wieder auf ein Blatt Papier und entwickle daraus Übungen, die du dann durchführst. So erhältst du ganz individuell auf dich zugeschnittene Situationen, mit denen du üben kannst, aus deiner Komfortzone herauszukommen und dein Selbstbewusstsein zu stärken.

Übung 10

Eine Übung für Profis: Diese Übung ist wirklich nur etwas für mutige Menschen. Selbst Menschen, die sehr selbstbewusst sind, machen die Übung nicht aus dem Stehgreif. Auf der Schauspielschule mussten wir diese Übung machen: Steig in eine Straßenbahn oder in einen Zug, setz dich hin, und dann steh auf und sag ganz laut: »Bitte entschuldigen Sie, können Sie bitte kurz alle einmal herhören! Ich möchte Ihnen gern einen Witz erzählen! Hören Sie mir bitte alle zu!« Wenn du die volle Aufmerksamkeit hast und alle dich anstarren, sagst du: »Oh, nein, jetzt habe ich ihn vergessen!« Dann setzt du dich einfach wieder hin, als wäre nichts gewesen.

Fremde Menschen anzusprechen macht uns bewusst, dass wir nicht allein auf der Welt sind.

Wenn man sich das erste Mal damit beschäftigt, hilft es vielleicht, sich die Frage zu stellen, was eigentlich passieren könnte. Versetz dich doch einmal in die Situation eines Fahrgastes: Du sitzt in der Straßenbahn bzw. in der U- oder S-Bahn. Plötzlich steht jemand auf und sagt laut, man solle mal still sein und ihm zuhören. Er wolle uns nämlich einen Witz erzählen. Nachdem er die ganze Aufmerksamkeit hat, sagt er, dass ihm der Witz leider entfallen sei, und er setzt sich wieder hin. Was würdest du dir dabei denken? Vielleicht würdest du zu Hause davon erzählen und sagen: »Da war heute so ein Verrückter in der Straßenbahn, der wollte einen Witz erzählen, aber dann hatte er ihn vergessen.« Ihr würdet vielleicht zusammen darüber lachen, und das war es dann auch.

Was sollte dir also passieren? Es gehört eigentlich nur ein gehöriges Maß an Überwindung dazu. Aber wenn du es tausendmal gemacht hast, dann ist das auch nichts Besonderes mehr, dann ist diese Überwindung zur Routine geworden. Mir hat es zum Beispiel bei der Vorbereitung auf einen Vortrag oder ein Seminar, bei dem ich ja nie weiß, wie es werden wird, sehr geholfen, dass ich mich in peinliche Situationen gebracht habe. Diese Hemmschwelle überschreitet man leichter, wenn man sich bewusst macht, dass das, was man macht oder sagt, für die Zuhörer oder die Menschen, die das erleben, gar nichts Peinliches ist, dass sie es gar nicht schlimm empfinden. Die meisten jedenfalls machen sich keine großen Gedanken dazu. Sicher ist dies eine schwere Übung, die auch mich ans Limit bringt. Doch wenn du aus der Straßenbahn aussteigst, wirst du feststellen, dass du noch lebst. Und du hast ein riesiges Erfolgserlebnis. Ich habe diese Übung selbst schon mehrmals durchgeführt. Sie ist für mich immer wieder eine große Herausforderung. Das Wichtigste aber ist dabei für mich, dass mir nichts passiert, dass ich noch lebe. Und allmählich machen mir diese Übungen sogar Spaß.

Es zeugt von Selbstbewusstsein, fremden Menschen die eigene Unsicherheit zeigen zu können.

Ich bin der Auffassung, dass es bei öffentlichen Auftritten viel besser ist, den Zuhörern die eigene Unsicherheit oder Angst einzugestehen, als sie mühsam zu verbergen, wo die Zuhörer es doch ohnedies merken.

Denk einmal daran, wie es auf dich wirkt, wenn ein Redner sein Redemanuskript in der Hand hält, seine Hand während der Rede furchtbar zittert und er dies krampfhaft zu verbergen sucht. Wäre es nicht wesentlich besser, wenn er offen zugeben würde, wie aufgeregt er ist, wenn er die Leute in sein Aufgeregtsein mit hineinnähme und zum Beispiel sagen würde: »Hallo, liebe Zuhörer, schaut mal, wie nervös ich gerade bin. Ich leide nicht an Parkinson, ich habe im Moment nur wahnsinnig Lampenfieber.« Und damit wäre alles gut. Interessant dabei ist, dass die Leute darüber lachen können, und du kannst mit diesem Lachen ganz entspannt deinen Vortrag halten.

Lektion 6: Verändere dein Äußeres

Bei dieser Übung geht es darum, die Menschen in deinem Umfeld dazu zu bringen, anders auf dich zu reagieren. Beispiel: Die Fingernägel lackieren. Nun denken vielleicht Männer, das betreffe doch nur Frauen. Aber warum sollten sich Männer nicht auch die Fingernägel lackieren können?

Wenn du dir die Fingernägel ohnedies schon lackierst, dann nimm doch einmal eine besonders auffallende Farbe oder eine Farbe, die für dich nicht gut passt. Es geht letztendlich nur darum, in deinem ganz normalen Alltag etwas an deinem Äußeren zu verändern, dein Tagesablauf aber bleibt dabei gleich. Wenn du dir also deine Fingernägel lackierst und du dies normalerweise nicht tust, werden dich sicher einige Menschen darauf ansprechen und sagen: »Du hast ja grüne Fingernägel!« Geh jedoch nicht darauf ein und antworte nur: »Ja, das stimmt.«

Wenn du dir deine Fingernägel nicht gern lackierst, kannst du auch etwas anderes an deinem Äußeren verändern. Du kannst zum Beispiel eine witzige Mütze oder einen Hut aufsetzen, wenn du nicht ohnedies immer Hut oder Mütze trägst. Geh also mit der Mütze oder dem Hut zum Einkaufen oder in ein Restaurant. Solltest du in einem Dorf leben und dir solche Veränderungen unangenehm sein, dann fahre in einen anderen Ort, in die nächste Stadt und führe dort die Übung durch. Eine weitere Möglichkeit, dein Äußeres zu verändern, ist es, ein außergewöhnliches T-Shirt anzuziehen, das dir ganz und gar nicht entspricht. Ich trage zum Beispiel öfter ein Harry-Potter-T-Shirt. Und ich werde immer darauf angesprochen und gefragt, warum ich dieses T-Shirt trage. Ich antworte aber darauf nicht und gebe auch keine Begründung ab, warum ich ein Harry-Potter-T-Shirt trage.

Lass dich von anderen Menschen nicht davon abbringen, anders zu sein, und erkläre dich nicht!

Wenn du dich traust, dann kannst du auch eine härtere Variante dieser Übung durchführen: Trag einmal ein sehr auffälliges Kleid! Wenn du ein Junge bzw. Mann bist, zieh ein Kleid an und geh damit auf die Straße. Wenn du eine Frau bist, kleide dich wie ein Mann, zum Beispiel mit Anzug, Krawatte und Hut etc.

Weitere Möglichkeiten, etwas Verrücktes zu machen, sind zum Beispiel: Lass dir deine Haare kurz schneiden, leg dir eine neue Frisur zu, trag eine Perücke oder färbe dir die Haare! Oder: Geh barfuß durch die Stadt! Zieh auffällige Socken an! Denk immer daran, dass dies zu deinem sonstigen Outfit nicht passen sollte, dass du also damit auffällst. Ich habe weiter oben die Übung beschrieben, die wir als Schauspielschüler machen mussten: In der S-Bahn oder der Straßenbahn aufzustehen und zu versuchen, die Aufmerksamkeit der Fahrgäste auf sich zu ziehen. Du kannst diese Übung auch erweitern und einmal einen Clown spielen. Kleide und schmink dich wie ein Clown, setz dir eine Clownsnase und einen viel zu kleinen Hut auf, und setz dich so in den Bus oder die Straßenbahn. Du wirst sehen, dass dich alle Leute anschauen, dass sie vielleicht lachen oder auch Witze über dich reißen. Reagiere nicht darauf! Nimm lediglich wahr, was passiert!

Probiere in den nächsten zwei bis drei Wochen verschiedene, extreme Veränderungen an dir aus und begib dich damit in die Öffentlichkeit. Es geht darum, etwas Neues auszuprobieren und dies in dein normales Leben zu integrieren. Damit ist jetzt nicht gemeint, dass du künftig nur noch in einem Clownskostüm oder mit auffällig gefärbten Haaren auf die Straße gehen sollst. Es geht lediglich darum, Verschiedenes in deiner Tagesroutine zu ändern und etwas Neues auszuprobieren.

Sich auf eine Argumentation einzulassen, verunsichert dich und führt dich vom Ziel der Übungen weg.

Die Menschen werden dich anschauen, werden vielleicht auch über dich reden. Manche werden denken, du seist verrückt, andere finden dich interessant, manche sind von deinem Mut fasziniert. Du wirst jedenfalls zur Kenntnis genommen. Und du musst dich für dein Verhalten nicht rechtfertigen. Geh vielmehr in dich, und versuche dir deine Gefühle bewusst zu machen, die diese verrückten Veränderungen in dir auslösen. Du kannst dich natürlich auch mit einem Menschen, der dir sehr nahe steht oder der mit dir vielleicht zusammen Veränderungen ausprobiert, austauschen, ihr könnt einander bestärken und euch gegenseitig unterstützen.

Wichtig ist bei dieser Übung nur, dass du *nicht* auf die Reaktion der Umwelt eingehst, sondern dass du versuchst, ruhig zu bleiben. Wenn zum Beispiel jemand sagt, dass diese Farbe der Fingernägel oder die Mütze, der Hut oder das T-Shirt überhaupt nicht zu dir passen, dass sie nicht deinem Stil entsprechen, dann lächle nur und bedanke dich für seine Meinung. Wenn er dann wissen will, warum du das machst, dann antworte darauf: »Weil ich Freude daran habe.«

Warum du das aber wirklich machst, das braucht niemand zu erfahren. Mach es einfach. Es geht darum, dass du dich für dein Tun vor niemandem zu rechtfertigen brauchst.

Eine weitere Möglichkeit: Leiste dir einmal ein persönliches Styling, vielleicht mit anschließendem Fotoshooting. Lass dich professionell schminken, stylen, einkleiden und fotografieren. Mach dir bewusst, dass Menschen, die das anbieten, es gewohnt sind, Menschen zu betreuen, die kein so großes Selbstbewusstsein haben. Doch kann dies manchmal sehr spannend sein, zu erleben, wie wir von einem fremden Menschen eingekleidet werden. Es geht lediglich darum, etwas Neues auszuprobieren, und wenn dir das gefällt, es in deinen Alltag zu integrieren.

Falls du nicht genug Geld für ein professionelles Styling hast, dann frag eine gute Freundin, ob sie dich schminken, einkleiden und dir Stylingtipps geben möchte. Auch das kann eine wunderbare neue Erfahrung sein. Was ich auch oft mache: Ich ziehe für zwei bis drei Tage mal einen Anzug mit Krawatte an. Dies ist für mich immer wieder ein ganz neues Gefühl. Ich trage sonst in meinem Alltag nie einen Anzug. Doch wenn ich einen Anzug anhabe, merke ich, dass ich anders gehe, dass sich meine Körperhaltung verändert und dass die Menschen komplett anders auf mich reagieren. Dies ist eine spannende Erfahrung, die ich mir ab und zu gönne. Auch Frauen kennen dieses Gefühl, wenn sie zum Beispiel ein besonders schickes Kleid tragen.

Übungen, die dein Selbstbewusstsein stärken

- Geh barfuß durch die Stadt.
- Lackiere die Fingernägel auffällig.
- Setz eine witzige Mütze auf.
- Trag einen Hut, wie ihn die die Queen trägt.
- Trag ein T-Shirt, das dir nicht unbedingt passt oder dir entspricht.
- Trag ein auffälliges Kleid.
- Leg dir einen ungewohnten Haarschnitt zu.
- Trag eine Sonnenbrille mit riesigen Gläsern.
- Zieh pinkfarbene Socken an.
- Überleg dir weitere kleine Herausforderungen für dich.

Verändere bitte für einen Tag oder besser für eine ganze Woche oder auch für einen Monat etwas an deinem Äußeren. Am Anfang wird dir das sehr ungewohnt vorkommen. Du hast das Gefühl, als würden dich alle anstarren, doch schon nach einigen Tagen wirst du dich daran gewöhnt haben, und du empfindest das Ungewohnte plötzlich als normal! Sei mutig! Du darfst mir auch gern ein Foto von deinem Experiment schicken! Ich würde mich sehr darüber freuen: fan@pascal-voggenhuber.com (Du findest mich auch auf Facebook oder Instagram).

Rückschläge in ein Kraftpotenzial verwandeln

Wer an seinem Selbstbewusstsein arbeitet, seine Energie dafür aufwendet und die Übungen durchführt, selbstbewusster und sicherer zu werden, der wird vielleicht auch den einen oder anderen Rückschlag erleben. Vielleicht hat ihm eine Übung, die ihn sehr viel Kraft und Überwindung gekostet hat, nicht das gebracht, was er sich erträumt hatte. Vielleicht hat er zwei Wochen lang jede Nacht die CD angehört und stellt nun fest, dass sich sein Selbstbewusstsein nur unmerklich verbessert hat. Ob das nun stimmt oder nicht, neigen doch viele Menschen dazu, die Flinte ins Korn zu werfen und im alten Trott weiterzumachen. Das ist schließlich auch viel bequemer. Gerade wenn man in einem starken Veränderungsprozess steckt, neigt man dazu, besonders kritisch mit sich selbst zu sein, vieles, was wir schon erreicht haben, kleinzureden, niederzumachen oder gar nicht erst wahrzunehmen.

Stell dich darauf ein, dass die Menschen in deiner Umgebung auf deine Veränderung reagieren.

Oft ist es hilfreich, sich mit Freunden oder mit dem Partner bzw. der Partnerin auszutauschen, sie zu fragen, wie sie einen sehen, ob sie das Gefühl haben, dass man sich in den letzten Wochen verändert habe. Und in den allermeisten Fällen stellen die anderen viel schneller und exakter fest, dass wir uns verändert haben. Sie haben bemerkt, dass wir anders auftreten, dass sich unsere Körperhaltung verändert hat, dass wir ganz anders Kontakt aufnehmen etc. Ein solches Feedback kann uns jedenfalls einen gehörigen Schub an Energie geben und uns motivieren, an unserem Selbstbewusstsein weiterzuarbeiten, es zu verbessern, sodass wir immer sicherer werden. Denk daran, dass du deine Verhaltensweisen und Überzeugungen, deine Glaubenssätze über Jahre hinweg eingeübt und gelebt hast. Deswegen ist es ganz normal, dass es etwas mehr Zeit braucht, bis du diese alten Überzeugungen und Glaubenssätze über Bord werfen und sie durch ein neues, gestärktes Selbstbewusstsein ersetzen kannst. Lass dich also nicht entmutigen, wenn dich das Gefühl überkommt, dass deine ganzen Bemühungen nichts gebracht haben. Denn auch dieses Gefühl, das dich herunterzieht, ist so ein alter Glaubenssatz. Du hast ihn vielleicht schon in deiner Kindheit gehört: »Das schaffst du nie. Das ist alles viel zu schwierig. Lass lieber die Finger davon. Das bringt sowieso nichts. Bleib doch so, wie du bist. Du hast dich überhaupt nicht verändert.« Du kannst diese negativen Glaubenssätze in positive Energie umwandeln. Nimm dazu wieder ein Blatt Papier zur Hand und schreib in eine Spalte alles, was du in deinem Leben geschafft hast und worauf du stolz bist. Das kann ein Schulabschluss sein, eine Ausbildung oder eine Prüfung. Es können aber auch ganz alltägliche Ereignisse, Erlebnisse sein, die du ganz allein geschafft und erlebt hast, zum Beispiel ein besonders schöner Urlaub oder eine Arbeitsstelle, die du bekommen hast, auf die du dich beworben hast und auf die sich viele andere Leute beworben haben etc. Schreib dann in die nächste Spalte, welches Gefühl dieses Ereignis damals in dir aus-

> Mach dir auf dem Weg zu einem gestärkten Selbstbewusstsein deine Erfolge und Veränderungen bewusst.

gelöst hat. Wenn dich dieser Erfolg stolz gemacht hat, dann mach dahinter ein großes Pluszeichen und schreib dazu, mit wem du damals dieses Gefühl geteilt, mit wem du darüber geredet, wem du davon erzählt und mit wem du vielleicht sogar gefeiert hast. Versuche nun, dir das Gefühl von damals bewusst zu machen, es in dir aufsteigen zu lassen, es noch einmal zu empfinden. Wenn es dir gelingt, dann schreib in die letzte Spalte, welche Einstellung du heute zu diesem Erfolgserlebnis hast, ob es dich auch heute noch mit Stolz erfüllt, ob du auch heute noch mit den Freunden von damals darüber reden kannst. Schreib nun in die letzte Spalte einen Satz in der Gegenwart, zum Beispiel: »Ich bin stolz, dass ich damals diese Stelle bei XY bekommen habe!« Oder: »Ich bin stolz, dass ich die Prüfung an der XY-Schule geschafft habe!« Oder: »Ich bin stolz, dass ich immer so tolle Urlaubsziele auswähle und so tolle Urlaube verbringen kann!«

Wenn du auch heute noch stolz auf diese Ereignisse bist, dann kann dir dieses Gefühl helfen, einfach weiterzumachen und dir neue Energie verleihen, damit du auch weiterhin Lust und Freude hast, an deinem größeren Selbstbewusstsein zu arbeiten. Wichtig dabei ist lediglich, dass du immer wieder dieses Gefühl von damals in dir wachrufen kannst. Und dazu hilft dir wiederum die Meditation, wie ich sie weiter vorn (→ Seite 22 ff.) beschrieben habe.

Lektion 7: Die Übungen in den Alltag integrieren

Am schwierigsten ist es, alle diese Tipps in deinen Alltag zu integrieren. Deswegen habe ich hier noch einmal ein paar zusätzliche Tools aufgelistet, die du leicht in deinem Alltag anwenden kannst und die dir helfen, dein Unterbewusstsein umzuprogrammieren und mit denen du mehr und mehr die Erfahrung machst, ein selbstbewusster Mensch zu sein. Doch das Wichtigste ist die CD, die du so oft wie möglich anhören solltest. Alle diese Übungen sind nur zur Unterstützung da. Ich fasse einige Übungen und Tipps noch einmal zusammen. Es sind alles Dinge, die sich von selbst erklären. Sie sind einfach und lassen sich leicht in den Alltag integrieren.

Buch, CD und Online-Kurse auf www.enjoythislife.de lassen sich leicht in den Alltag integrieren. Du musst lediglich mit den Übungen beginnen.

Zusammenfassung

- Beende jede Dusche mit kaltem Wasser!
- Schau Menschen so oft wie möglich direkt in die Augen! Nicht starren, aber such immer wieder die Augen deines Gegenübers! Diese kleine Aufmerksamkeit gibt beiden Seiten das Gefühl, wichtig und geschätzt zu werden.
- Setz dich bei einem Vortrag, im Kino oder im Theater in die erste Reihe!
- Beweg dich schneller, geh mindestens 25 Prozent schneller. Forschungen zeigen, selbstbewusste Menschen sind viel aktiver, und sie bewegen sich schneller.
- Achte immer wieder auf deine Körperhaltung!
- Lache oft, lächle einfach ab und zu so für dich!
- Sprich laut und deutlich, auch wenn dir das schwerfallen sollte. Such dir Hilfe bei einem Sprecherzieher, Schauspieler, oder nimm zwei bis drei Gesangstunden.
- Hör auf, »Visitenkarten« zu verteilen, die deinen Mangel unterstreichen. Erzähle nicht jedem, dass du nicht selbstbewusst bist, rede auch nicht über deine anderen Mängel! Verteile positive »Visitenkarten«. Hör auf, jedem zu erzählen, was alles nicht gut ist in deinem Leben!
- Sprich ein- bis fünfmal am Tag fremde Menschen an!
- Gib den Menschen einen festen, entschlossenen Händedruck!
- Atme in Situationen ruhig, in denen du nervös oder angespannt bist!

- Meditiere regelmäßig. Meditation kann dir helfen, ruhiger und entspannter zu werden. Ich empfehle dir die Fokus-Meditation: Einfach nur deinen Atem beobachten, Augen schließen und wahrnehmen, wie du einatmest und ausatmest. Beginne täglich mit fünf Minuten und steigere langsam die Meditationszeit.
- Schreib deine Fortschritte täglich in dein Erfolgstagebuch; notier dir, wann du eine Übung gemacht hast, und notier auch jeden noch so kleinen Erfolg. Freu dich über jeden Schritt, auch wenn er nur minimal ist.
- Belohne dich auch selbst.
- Halte ab und zu inne und überleg dir bewusst, für was du alles dankbar bist! Schau auch auf Kleinigkeiten, z B.:
- Ich bin dankbar.
- Ich habe ein Dach über dem Kopf.
- Ich kann meine Hände bewegen.
- Ich kann sprechen.
- Ich habe zu Hause fließendes Wasser.
- Ich bin gesund.
- Ich kann gehen usw.
- Je dankbarer du bist, desto stärker zieht deine Resonanz immer größere Dinge in dein Leben, wofür du noch dankbarer sein kannst. Schätze das Kleine und das Gute um dich herum. Oft wissen und sagen wir, was wir nicht wollen, was alles nicht ideal ist. Deswegen sind unser Bewusstsein und unser Unterbewusstsein auch solche *Miesepeter*. Dein Unterbewusstsein unterscheidet nicht kleine oder große Dinge, über die du dich freust. Selbst

wenn es nur Kleinigkeiten sind, programmierst du dein Unterbewusstsein um, und es wird auf diese Weise immer positiver. Du kannst es dir natürlich auch aufschreiben. Mach jeden Tag eine Liste mit all den Dingen, für die du dankbar bist. Dadurch ist diese Übung noch effektiver.

- Lass dich von Rückschlägen nicht irritieren! Selbstbewusste Menschen erleiden genauso Rückschläge wie du. Der Unterschied ist jedoch, dass sie sich nicht irritieren lassen, sondern immer wieder aufstehen und weitermachen, wie das Kind, wenn es gehen lernt.
- Schneide regelmäßig Grimassen vor dem Spiegel, und lache öfter auch mal über dich selbst. Nimm dich nicht so ernst, aber beginne, dich zu lieben.
- Sing unter der Dusche!
- Führe ein Tagebuch mit deinen positiven Erlebnissen!
- Umgib dich mit positiven, selbstbewussten Menschen, lerne von ihnen! Schau, was sie anders machen. Versuche sie zu imitieren!
- Führe Selbstgespräche und Interviews mit dir selbst, jeden Tag! Tu so, als wärst du eine prominente Persönlichkeit, stell dir selbst Fragen und beantworte sie! Mach ein Spiel daraus! Dein Unterbewusstsein kann auch hierbei nicht unterscheiden, ob du wirklich prominent bist oder nur so tust. Es nimmt alles als real auf.
- Umgib dich mit positiven Zitaten!
- Mach die Übungen und rede nicht nur darüber!
- Beweg dich mehr!

Enjoy this life Community

An den Kursen der *Enjoy-this-life-Community* beteiligen sich Menschen, die ihr Leben selbst in die Hand nehmen möchten und die sich in der Gemeinschaft persönlich weiterentwickeln wollen. In der *Enjoy-this-life-Community* kann jeder sein ganz persönliches Potenzial entdecken und individuell fördern. Sie steht für mehr Lebensfreude, weil jeder es verdient, ein glückliches Leben zu führen. Sie ist voller Inspiration, weil Inspiration die Quelle unserer Kreativität und unserer kleinen und großen Entscheidungen ist. Entdecke mit *Pascal Voggenhuber* deine Medialität. Denn das Leben hält unendlich mehr bereit, als du dir vorstellen kannst.

- Enjoy this life Onlinekurs
- Enjoy this life Meditationskurs
- Enjoy this life Intuition im Alltag
- Enjoy this life Entdecke deinen Geistführer
- Enjoy this life Aura sehen
- Enjoy this life Entzünde dein inneres Licht

Weitere Infos unter www.pascal-voggenhuber.com

Zwei CDs, die dich auf deinem Weg zu mehr Selbstbewusstsein nachhaltig unterstützen und fördern:

Glaub an dich. Affirmationen für ein Leben in der Fülle

Öffne dein drittes Auge